故宫

博物院藏文物珍品大系

故宫博物院藏文物珍品大系

清宫戏曲文物

主编：张淑贤

上海科学技术出版社

商务印书馆（香港）

清宫戏曲文物
Cultural Relics of Drama of the Qing Dynasty

故宫博物院藏文物珍品大系
The Complete Collection of Treasures of the Palace Museum

主　　编	张淑贤
副 主 编	赵　杨
编　　委	刘立勇　白皛皛　李卫东
摄　　影	胡　锤　刘志岗　赵　山　冯　辉
出 版 人	陈万雄　胡大卫
编辑统筹	张倩仪
编辑顾问	吴　空
责任编辑	徐昕宇　黄　东　周祖贻
设　　计	张婉仪　张　毅
出　　版	上海世纪出版股份有限公司 上海科学技术出版社 上海钦州南路 71 号 商务印书馆（香港）有限公司 香港筲箕湾耀兴道 3 号东汇广场 8 楼
制　　版	深圳中华商务联合印刷有限公司 深圳市龙岗区平湖镇春湖工业区中华商务印刷大厦
印　　刷	深圳中华商务联合印刷有限公司 深圳市龙岗区平湖镇春湖工业区中华商务印刷大厦
版　　次	2008 年 7 月第 1 版第 1 次印刷 2013 年 1 月第 1 版第 2 次印刷 ©2008　商务印书馆（香港）有限公司（繁体版） ©2008　上海科学技术出版社 　　　　商务印书馆（香港）有限公司（简体版）
规　　格	大 16 开 (216 × 286mm) 304 面
国际书号	ISBN 978-7-5323-9293-3/J·87

版权所有，不准以任何方式，在世界任何地区，以中文或其他任何文字翻印、仿制或转载本书图版和文字之一部分或全部。

All rights reserved. No part of this publication may be reproduced, stored in a retrieval system, or transmitted in any form or by any means, electronic, mechanical, photocopying, recording and/or otherwise without the prior written permission of the publishers.

本版图书仅在中国大陆地区发行。

Condition of sale
This book is sold subject to the condition that it shall, by way of trade or otherwise, be distributed in Mainland China only.

故宫博物院藏文物珍品大系

特邀顾问：（以姓氏笔画为序）
　　　　　　王世襄　　王　尧　　李学勤
　　　　　　张政烺　　金维诺　　宿　白

总编委主任委员：郑欣淼

委　员：（以姓氏笔画为序）
　　　　　　杜迺松　　李　季　　李文儒
　　　　　　李辉柄　　余　辉　　张忠培
　　　　　　邵长波　　陈丽华　　杨　新
　　　　　　杨伯达　　单国强　　郑珉中
　　　　　　郑欣淼　　胡　锤　　施安昌
　　　　　　耿宝昌　　晋宏逵　　徐邦达
　　　　　　徐启宪　　聂崇正　　萧燕翼

主　编：李文儒　　杨　新

编委办公室：
主　任：徐启宪
成　员：杜迺松　　李辉柄　　余　辉
　　　　邵长波　　陈丽华　　单国强
　　　　郑珉中　　胡　锤　　施安昌
　　　　秦风京　　郭福祥　　聂崇正

总摄影：胡　锤

总序

杨新

故宫博物院是在明、清两代皇宫的基础上建立起来的国家博物馆，位于北京市中心，占地72万平方米，收藏文物近百万件。

公元1406年，明代永乐皇帝朱棣下诏将北平升为北京，翌年即在元代旧宫的基址上，开始大规模营造新的宫殿。公元1420年宫殿落成，称紫禁城，正式迁都北京。公元1644年，清王朝取代明帝国统治，仍建都北京，居住在紫禁城内。按古老的礼制，紫禁城内分前朝、后寝两大部分。前朝包括太和、中和、保和三大殿，辅以文华、武英两殿。后寝包括乾清、交泰、坤宁三宫及东、西六宫等，总称内廷。明、清两代，从永乐皇帝朱棣至末代皇帝溥仪，共有24位皇帝及其后妃都居住在这里。1911年孙中山领导的"辛亥革命"，推翻了清王朝统治，结束了两千余年的封建帝制。1914年，北洋政府将沈阳故宫和承德避暑山庄的部分文物移来，在紫禁城内前朝部分成立古物陈列所。1924年，溥仪被逐出内廷，紫禁城后半部分于1925年建成故宫博物院。

历代以来，皇帝们都自称为"天子"。"普天之下，莫非王土；率土之滨，莫非王臣"（《诗经·小雅·北山》），他们把全国的土地和人民视作自己的财产。因此在宫廷内，不但汇集了从全国各地进贡来的各种历史文化艺术精品和奇珍异宝，而且也集中了全国最优秀的艺术家和匠师，创造新的文化艺术品。中间虽屡经改朝换代，宫廷中的收藏损失无法估计，但是，由于中国的国土辽阔，历史悠久，人民富于创造，文物散而复聚。清代继承明代宫廷遗产，到乾隆时期，宫廷中收藏之富，超过了以往任何时代。到清代末年，英法联军、八国联军两度侵入北京，横烧劫掠，文物损失散佚殆不少。溥仪居内廷时，以赏赐、送礼等名义将文物盗出宫外，手下人亦效其尤，至1923年中正殿大火，清宫文物再次遭到严重损失。尽管如此，清宫的收藏仍然可观。在故宫博物院筹备建立时，由"办理清室善后委员会"对其所藏进行了清点，事竣后整理刊印出《故宫物品点查报告》共六编28册，计有文物

117万余件（套）。1947年底，古物陈列所并入故宫博物院，其文物同时亦归故宫博物院收藏管理。

二次大战期间，为了保护故宫文物不至遭到日本侵略者的掠夺和战火的毁灭，故宫博物院从大量的藏品中检选出器物、书画、图书、档案共计13427箱又64包，分五批运至上海和南京，后又辗转流散到川、黔各地。抗日战争胜利以后，文物复又运回南京。随着国内政治形势的变化，在南京的文物又有2972箱于1948年底至1949年被运往台湾，50年代南京文物大部分运返北京，尚有2211箱至今仍存放在故宫博物院于南京建造的库房中。

中华人民共和国成立以后，故宫博物院的体制有所变化，根据当时上级的有关指令，原宫廷中收藏图书中的一部分，被调拨到北京图书馆，而档案文献，则另成立了"中国第一历史档案馆"负责收藏保管。

50至60年代，故宫博物院对北京本院的文物重新进行了清理核对，按新的观念，把过去划分"器物"和书画类的才被编入文物的范畴，凡属于清宫旧藏的，均给予"故"字编号，计有711338件，其中从过去未被登记的"物品"堆中发现1200余件。作为国家最大博物馆，故宫博物院肩负有搜藏保护流散在社会上珍贵文物的责任。1949年以后，通过收购、调拨、交换和接受捐赠等渠道以丰富馆藏。凡属新入藏的，均给予"新"字编号，截至1994年底，计有222920件。

这近百万件文物，蕴藏着中华民族文化艺术极其丰富的史料。其远自原始社会、商、周、秦、汉，经魏、晋、南北朝、隋、唐，历五代两宋、元、明，而至于清代和近世。历朝历代，均有佳品，从未有间断。其文物品类，一应俱有，有青铜、玉器、陶瓷、碑刻造像、法书名画、印玺、漆器、珐琅、丝织刺绣、竹木牙骨雕刻、金银器皿、文房珍玩、钟表、珠翠首饰、家具以及其他历史文物等等。每一品种，又自成历史系列。可以说这是一座巨大的东方文化艺术宝库，不但集中反映了中华民族数千年文化艺术的历史发展，凝聚着中国人民巨大的精神力量，同时它也是人类文明进步不可缺少的组成元素。

开发这座宝库，弘扬民族文化传统，为社会提供了解和研究这一传统的可信史料，是故宫博物院的重要任务之一。过去我院曾经通过编辑出版各种图书、画册、刊物，为提供这方面资料作了不少工作，在社会上产生了广泛的影响,对于推动各科学术的深入研究起到了良好的作用。但是,一种全面而系统地介绍故宫文物以一窥全豹的出版物,由于种种原因,尚未来得及进行。今天,随着社会的物质生活的提高,和中外文化交流的频繁往来,无论是中国还是西方,人们越来越多地注意到故宫。学者专家们,无论是专门研究中国的文化历史,还是从事于东、西方文化的对比研究,也都希望从故宫的藏品中发掘资料,以探索人类文明发展的奥秘。因此,我们决定与香港商务印书馆、上海科学技术出版社共同努力,合作出版一套全面系统地反映故宫文物收藏的大型图册。

要想无一遗漏将近百万件文物全都出版,我想在近数十年内是不可能的。因此我们在考虑到社会需要的同时,不能不采取精选的办法,百里挑一,将那些最具典型和代表性的文物集中起来,约有一万二千余件,分成六十卷出版,故名《故宫博物院藏文物珍品大系》。这需要八至十年时间才能完成,可以说是一项跨世纪的工程。六十卷的体例,我们采取按文物分类的方法进行编排,但是不囿于这一方法。例如其中一些与宫廷历史、典章制度及日常生活有直接关系的文物,则采用特定主题的编辑方法。这部分是最具有宫廷特色的文物,以往常被人们所忽视,而在学术研究深入发展的今天,却越来越显示出其重要历史价值。另外,对某一类数量较多的文物,例如绘画和陶瓷,则采用每一卷或几卷具有相对独立和完整的编排方法,以便于读者的需要和选购。

如此浩大的工程,其任务是艰巨的。为此我们动员了全院的文物研究者一道工作。由院内老一辈专家和聘请院外若干著名学者为顾问作指导,使这套大型图册的科学性、资料性和观赏性相结合得尽可能地完善完美。但是,由于我们的力量有限,主要任务由中、青年人承担,其中的错误和不足在所难免,因此当我们刚刚开始进行这一工作时,诚恳地希望得到各方面的批评指正和建设性意见,使以后的各卷,能达到更理想之目的。

感谢香港商务印书馆、上海科学技术出版社的忠诚合作!感谢所有支持和鼓励我们进行这一事业的人们!

1995年8月30日于灯下

目录

总序 ………………………………………… 6

文物目录 …………………………………… 10

导言——清宫演戏情况与相关文物 ………… 18

图版

戏曲服装（行头）…………………………… 1

戏曲盔头、靴鞋（行头）…………………… 211

戏曲道具（砌末）…………………………… 221

戏曲图册、剧本 …………………………… 245

戏台 ………………………………………… 269

文物目录

戏曲服装（行头）

（一）蟒袍官衣

1
红妆花纱彩云金龙纹男蟒
清乾隆　　2

2
绿妆花缎彩云金龙纹男蟒
清乾隆　　4

3
明黄妆花缎彩云金龙纹男蟒
清乾隆　　5

4
月白妆花纱彩云金龙纹女蟒
清乾隆　　6

5
白缎绣平金龙鹤云蝠纹男蟒
清光绪　　7

6
青缎绣平金团龙暗八仙纹男蟒
清光绪　　8

7
紫缎绣瓜瓞纹女蟒
清光绪　　9

8
香色缎绣平金团龙云蝠八宝纹女蟒
清光绪　　10

9
杏黄缎绣平金云龙暗八仙纹太监蟒
清光绪　　11

10
红缎绣平金云龙纹加官蟒
清乾隆　　12

11
红缎缀绣平金云鹤纹方补男官衣——文一品
清乾隆　　14

12
红缎缀绣平金锦鸡纹方补男官衣——文二品
清光绪　　16

13
绿缎缀绣平金孔雀纹方补男官衣——文三品
清光绪　　17

14
红缎缀纳绣云雁纹方补男官衣——文四品
清光绪　　18

15
红缎缀绣平金白鹇纹方补男官衣——文五品
清光绪　　19

16
红缎缀绣平金鹭鸶纹方补男官衣——文六品
清光绪　　20

17
蓝缎缀绣平金鸂鶒纹方补男官衣——文七品
清光绪　　21

18
红缎缀绣平金鹌鹑纹方补男官衣——文八品
清宣统　　22

19
香色缎缀绣平金银练雀纹方补男官衣——文九品
清光绪　　23

20
蓝缎缀绣平金锦鸡纹方补女官衣——文二品
清光绪　24

21
酱色缎缀绣平金银练雀纹方补女官衣——文九品
清光绪　25

22
红青妆花纱缀绣雉鸡纹方补褂——文二品
清乾隆　26

23
元青缎缀绣虎纹方补褂——武四品
清嘉庆　27

24
桃红缎缀绣平金鲤鱼跃龙门纹方补学士衣
清光绪　28

25
湖绿缎绣菊花纹宫衣
清乾隆　30

26
粉缎绣绣球纹宫衣
清乾隆　32

27
绿缎绣八团云蝠花卉纹宫衣
清乾隆　33

28
黄绫彩绘花蝶纹宫衣
清乾隆　34

(二) 帔、衫、褶子

29
黄地纳纱绣花蝶纹男帔
清康熙　36

30
香色暗花纱绣平金灯笼蝴蝶纹男帔
清康熙　38

31
红地锦团夔龙寿字蔓草纹男帔
清乾隆　39

32
白妆花缎彩云金龙海水纹女帔
清乾隆　40

33
青妆花缎百蝶纹女帔
清康熙　41

34
月白绫绣云鹤团花纹女帔
清乾隆　42

35
蓝缎绣平金松鹤纹老旦帔
清乾隆　43

36
蓝缎绣平金夔龙蝠寿花蝶纹男帔
蓝缎绣平金夔龙蝠寿花蝶纹女帔
清光绪　44

37
米黄绸绣折枝花蝶纹闺门帔
清乾隆　46

38
粉色绸绣折枝花蝶纹闺门帔
清乾隆　48

39
绿绸绣折枝花蝶纹女衫
清光绪　50

40
月白纱绣花蝶纹褶子
清乾隆　51

41
粉色暗花纱绣花蝶纹褶子
清乾隆　52

42
绿缎绣折枝花蝶纹褶子
清道光　53

43
湖色绸彩绣平金花鸟蝶纹褶子
清道光　54

44
玫瑰紫绸绣平金花蝶纹褶子
清光绪　56

45
品月暗花绸绣平金折枝花纹女褶
清光绪　57

(三) 靠、铠、开氅、打衣等

46
红缎绣平金"卍"字地二龙戏珠牡丹纹男靠
清光绪　58

47
绿缎绣平金环钱地二龙戏珠双喜纹男靠
清光绪　59

48
黄缎绣平金锁子地二龙戏珠牡丹纹男靠
清光绪　60

49
白缎绣平金网纹地二龙戏珠牡丹纹男靠
清光绪　61

50
青缎绣平金云狮双喜纹男靠
清光绪　　62

51
红缎钉金线软靠
清乾隆　　64

52
杏黄缎绣平金二龙戏珠云蝠纹镶豹皮猴靠
清宣统　　65

53
白缎绣平金龟背朵花凤戏牡丹纹女靠
清光绪　　66

54
玫瑰紫缎绣平金凤戏牡丹纹女靠
清光绪　　67

55
白缎绣狮纹门神铠
清雍正　　68

56
红纱绣平金锁子兽面纹天王铠
清乾隆　　69

57
白缎绣平金网纹地珠纹大铠
清光绪　　70

58
蓝缎绣平金牛纹铠
清光绪　　71

59
白缎绣马纹铠
清光绪　　72

60
红缎绣平金云蟒纹排穗铠
清光绪　　73

61
白缎绣朵花"卍"字团龙纹排穗铠
清光绪　　74

62
缂丝青地彩云金龙纹甲
清乾隆　　75

63
明黄妆花缎彩云金龙纹满洲甲
清乾隆　　76

64
青缎绣平金"帅"、"勇"字清丁甲
清光绪　　77

65
月白纱地绣平金云龙纹两丁头
清乾隆　　78

66
红缎绣平金花卉纹五短头
清光绪　　79

67
红暗花绸英雄衣
清光绪　　80

68
杏黄布绣缠枝花纹英雄衣
清光绪　　81

69
青缎绣平金团寿牡丹花蝶纹侉衣
清光绪　　82

70
青缎绣飞虎纹侉衣
清光绪　　82

71
红暗花绸绣百蝶纹女打衣
清光绪　　84

72
黑缎缀绣百蝶纹女打衣
清光绪　　85

73
蓝地锦蔓草朵花纹报子衣
清乾隆　　86

74
姜黄地锦盘条瑞花纹开氅
清乾隆　　87

75
红地锦缠枝牡丹菊花纹开氅
清乾隆　　88

76
绿地天华锦四合如意纹开氅
清乾隆　　90

77
沉香地锦重莲蔓草纹开氅
清乾隆　　91

78
葡紫色纱绣云蝠团龙纹开氅
清嘉庆　　92

79
月白妆花缎四季花卉纹卒衣
清乾隆　　94

80
红妆花缎团金龙云纹卒坎
清乾隆　　95

81
白缎绣团花牡丹梅花八宝纹卒坎
清光绪　　96

82
明黄妆花缎彩云金龙纹箭衣
清乾隆　　97

83
绿妆花缎彩云金龙纹箭衣
清乾隆　　98

84
白妆花缎彩云金龙纹箭衣
清乾隆　　99

85
青妆花缎彩云金龙纹箭衣
清乾隆　　100

86
缂丝红地灯笼海水纹箭衣
清同治　　101

(四)神仙衣、僧道法衣等

87
蓝缎绣平金太极八卦纹帔
清光绪　102

88
酱色缎绣八卦纹帔
清光绪　104

89
月白缎绣竹兰菊石纹观音帔
清同治　105

90
蓝缎绣团鹤纹鹤氅
清光绪　106

91
黄缎绣云鹤日月纹法衣
清乾隆　107

92
红纱绣云鹤龙捧塔纹法衣
清乾隆　108

93
彩缎绣平金花蝶双喜纹八仙衣——吕洞宾
清光绪　112

94
香色缎绣平金云蝠双喜纹八仙衣——张果老
清光绪　114

95
青缎绣平金葫芦圆寿纹八仙衣——铁拐李
清光绪　115

96
红缎绣平金团"寿"花蝠纹八仙衣——汉钟离
清光绪　116

97
绛色缎绣平金团龙云蝠双喜纹八仙衣——曹国舅
清光绪　117

98
粉色缎绣平金花竹双喜纹八仙衣——蓝采和
清光绪　118

99
雪青缎绣兰蝶纹八仙衣——韩湘子
清光绪　119

100
桃红缎绣荷鸟纹八仙衣——何仙姑
清光绪　120

101
拼各色缎菱形纹道姑衣
清乾隆　121

102
拼色缎"卍"字纹道姑衣
清乾隆　122

103
拼各色缎长方格纹道姑衣
清光绪　123

104
缎地锦群纹道姑背心
清光绪　124

105
香色绉绸龟背朵花纹僧衣
清乾隆　125

106
黄地锦夔龙捧寿云蝠纹佛衣
清雍正　126

107
黄缎绣折枝勾莲"佛"字纹佛衣
清光绪　127

108
拼各色锦缎绣六团花卉纹罗汉衣
清乾隆　128

109
绿色锦缎绣云蝠金龙纹罗汉衣
清乾隆　128

110
粉色簟纹锦绣龙凤纹罗汉衣
清乾隆　130

111
缂丝明黄地博古勾莲夔龙凤纹袈裟
清乾隆　130

112
月白缎绣兰蝶纹排穗女仙衣
清光绪　132

113
绿绸绣平金菊蝶团寿纹女仙衣
清光绪　133

114
粉江绸绣平金梅蝶团寿纹女仙衣
清光绪 134

115
红缎绣梅鹊竹纹花神衣——一月
清光绪 135

116
红缎绣平金兰花纹花神衣——二月
清光绪 136

117
香色缎绣桃花蝙蝠纹花神衣——三月
清光绪 137

118
品蓝缎绣平金牡丹花蝶纹花神衣——四月
清光绪 138

119
玫瑰紫缎绣平金石榴花蝶纹花神衣——五月
清光绪 139

120
果绿缎绣荷花纹花神衣——六月
清光绪 140

121
藕荷缎绣平金海棠花蝶纹花神衣——七月
清光绪 141

122
绿缎绣桂花玉兔纹花神衣——八月
清光绪 142

123
酱紫色缎绣菊蝶纹花神衣——九月
清光绪 143

124
月白缎绣月季花纹花神衣——十月
清光绪 144

125
红缎绣平金万年青鸳鸯纹花神衣——十一月
清光绪 145

126
月白绸绣梅蝶纹花神衣——十二月
清光绪 146

127
绿暗花绸绣和合二仙衣
清光绪 148

128
红缎绣平金云龙纹福星衣
清光绪 150

129
月白地锦绣牡丹纹禄星衣
清乾隆 151

130
黄缎绣福寿三多纹寿星衣
清光绪 152

131
红缎绣平金团凤八宝纹喜神衣
清光绪 153

132
红缎绣龙聚宝盆纹财神衣
清光绪 154

133
香色绉绸缀绣花蝶纹牛郎衣
清光绪 155

134
雪青缎绣平金双"喜"字花蝶纹织女衣
清光绪 156

135
红暗花绸绣平金风火轮勾莲纹哪吒衣
清光绪 158

136
红暗花绸绣平金莲花火珠纹红孩衣
清光绪 159

137
绿缎绣平金太极图虎纹仙童衣
清光绪 160

138
绛色缎绣平金蝶鹤纹鹤童衣
清光绪 161

139
白缎绣梅鹿纹鹿童衣
清光绪 162

140
绿绸缀画孔雀羽纹孔雀衣
清光绪 163

141
白缎绣平金羽纹鹦鹉衣
清光绪 164

142
红缎绣平金羽纹大鹏衣
清光绪 165

143
青缎绣平金凤竹太极图纹昆仑衣
清光绪 166

144
紫红地锦鱼藻曲水纹姬氏衣
清乾隆 167

145
绿暗花缎绣缠枝莲纹采莲袄
清雍正 168

146
茶绿缎绣缠枝莲纹采莲袄
清乾隆 169

147
拼二色缎长方格纹目连衣
清乾隆 170

（五）其他服装

148
黄暗花绸绣折枝牡丹蝶纹斗篷
清光绪　171

149
玫瑰紫缎绣雉鸡牡丹纹双面斗篷
清光绪　172

150
绿缎绣折枝梅纹裙
清乾隆　174

151
月白绸绣莲花纹裙
清乾隆　175

152
粉缎绣串枝花卉纹裙
清乾隆　176

153
蓝暗花绸绣折枝花卉纹战裙
清光绪　177

154
红缎绣平金葫芦皮球花纹裤
清光绪　178

155
绿暗花绸绣花篮桃蝠纹裤
清光绪　179

156
粉缎绣折枝梅蝶纹裤
清光绪　179

157
织金锦花树纹蒙古朝衣
清乾隆　180

158
拼各色暗花缎回回衣
清乾隆　181

159
蓝地织金绸洋花纹民族衣
清乾隆　182

160
织金地缂缠枝莲孔雀羽纹云肩斗篷外国衣
清乾隆　183

161
拼各色织金缎缂丝兽面纹云肩外国衣
清乾隆　184

162
蓝缎镶青边茶衣
清光绪　185

163
青地暗花绸富贵衣
清光绪　186

164
黄缎绣平金云龙纹太监衣
清道光　187

165
红缎绣平金团龙纹太监衣
清光绪　188

166
缂丝青地花鸟纹大坎肩
清乾隆　189

167
石青缎绣灯笼花卉纹大坎肩
清乾隆　190

168
黄织金锦云金龙纹坎肩
清乾隆　191

169
杏黄江绸绣兰蝶纹琵琶襟坎肩
清光绪　192

170
桃红色江绸绣花蝶纹排穗坎肩
清光绪　193

171
藕荷色江绸绣折枝海棠蝶纹排穗坎肩
清光绪　194

172
粉缎绣折枝花蝶纹宫搭
清嘉庆　195

173
粉缎绣牡丹纹排穗宫搭
清道光　196

174
绿缎绣平金云龙纹龙套
清光绪　197

175
黄缎绣平金云龙纹龙套
清光绪　198

176
青缎缀缂丝团龙纹圆补马褂
清道光　199

177
黄缎绣平金团龙纹马褂
清光绪　200

178
月白纱地绣折枝海棠花纹旗衣
清光绪　201

179
红色纱地绣百蝶纹旗衣
清光绪　202

180
雪青缎绣平金海棠花蝶团寿纹旗衣
清光绪　203

181
紫纱纳绣人物花蝶纹达婆衣
清光绪　204

182
白纱纳绣西湖风景纹达婆衣
清光绪　206

183
红暗花纱团龙八宝纹刽子手衣
清乾隆　208

184
红素布罪衣裤
清光绪　209

185
香色缎蓑衣
清光绪　210

戏曲盔头、靴鞋（行头）

186
蓝缎串珠带杏黄绒球王帽
清　　212

187
青绉绸忠纱帽
清　　212

188
相貂
清　　213

189
绿缎串珠带杏黄绒球夫子盔
清　　213

190
串珠带绒球狮子盔
清　　214

191
玫瑰紫缎绣五蝠捧寿串珠带白绒球罗帽
清　　214

192
白缎串珠朵花武生巾
清　　215

193
蓝缎绒球鸭尾巾
清　　215

194
串珠花蝶带穗凤冠
清　　216

195
串珠带绒球七星额子
清　　217

196
黑素缎面高方靴
黑素缎面朝方靴
清光绪　　218

197
水绿缎绣虎头纹靴
清光绪　　219

198
黄缎绣平金云龙纹靴
清光绪　　219

199
白布钉黑布花短腰鞋
清　　220

戏曲道具（砌末）

200
红缎绣玉堂富贵纹椅披
红缎绣团花纹椅垫
红缎绣玉堂富贵纹桌围
清同治—光绪　　222

201
黄暗花绸绣博古花卉纹门帐
清光绪　　223

202
红纱绣平金云龙海水纹标枪旗
清乾隆　　224

203
绿纱绣平金海水江崖云龙纹标旗
黄纱绣平金海水江崖云龙纹标旗
清乾隆　　225

204
拼各色纱月华旗
清乾隆　　227

205
拼各色绸月华旗
清光绪　　227

206
黄缎缀黑缎"令"字旗
清乾隆　　228

207
白素绸"报"字旗
清　　228

208
白江绸绣飞虎旗
清乾隆　　229

209
绿缎绣云蝠纹飞虎旗
清道光　　229

210
红纱绣平金钉线车旗
清乾隆　　230

211
白缎绣平金"常胜将军赵"姓字旗
清光绪　　231

212
白缎绣红色"关"姓字旗
清光绪　　231

213
浅粉色缎绣红色"三军司命"字旗
清光绪　　232

214
明黄缎绣平金"齐天大圣"旗
清乾隆　　232

215
缠丝带彩色丝穗马鞭
清光绪　　233

216
长把子（之一）
清　　234

217
长把子（之二）
清　　236

218
西游记道具
清　　237

219
绿鲨鱼皮鞘铜錾花腰刀
绿鲨鱼皮鞘铜錾花双剑
清　　239

220
七星宝剑
清　　239

221
黑漆柄髹金漆嵌料珠瓜形锤
清　　240

222
短打武器
清　　241

223
红漆鬼头刀
清　　242

224
木彩绘虎头纹枷
红漆木带铁链手铐
叶形刻秋字铜刑锭
清　　243

225
象牙笏朱书"普天同庆班"仪仗模型
清光绪　　244

戏曲图册、剧本

226
清人画戏剧图册《群英会》
清咸丰　　246

227
清人画戏剧图册《定军山》
清咸丰　　247

228
清人画戏剧图册《阳平关》
清咸丰　　248

229
清人画戏剧图册《彩楼配》
清咸丰　　249

230
清人画戏剧图册《探母》
清咸丰　　250

231
清人画戏剧图册《洪洋洞》
清咸丰　　251

232
清人画戏剧图册《艳阳楼》
清咸丰　　252

233
清人画戏剧图册《庆顶珠》
清咸丰　　253

234
清人画戏剧图册《镇潭州》
清咸丰　　254

235
清人画戏剧图册《恶虎村》
清咸丰　　255

236
《喜朝五位　岁发四时总本》（南府抄本）
清乾隆　　256

237
《迓福迎祥总本》（升平署抄本）
清　　257

238
《万象春辉总本》（升平署抄本）
清　　258

239
《胖姑总本》（升平署抄本）
元·吴昌龄撰　　259

240
《胖姑总本曲谱》（升平署抄本）
元·吴昌龄撰　　260

241
《追信总本曲谱》（升平署抄本）
明·沈采撰　　261

242
《群英会》（升平署抄本）
清　　262

243
《莲花洞》（升平署抄本）
清　　263

244
《乱弹题纲》（升平署抄本）
清　　264

245
《穿戴题纲》（南府抄本）
清嘉庆　　265

246
《头段鼎峙春秋串头》（升平署抄本）
清　　266

247
《昭代箫韶》（武英殿刻本）
清嘉庆　　267

戏台

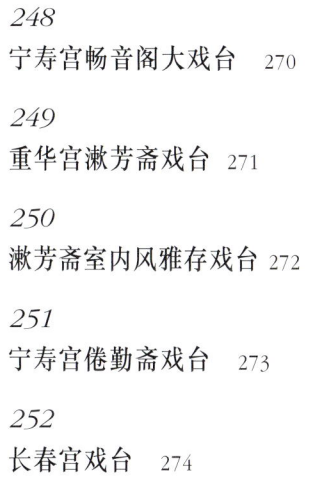

248
宁寿宫畅音阁大戏台　　270

249
重华宫漱芳斋戏台　　271

250
漱芳斋室内风雅存戏台　　272

251
宁寿宫倦勤斋戏台　　273

252
长春宫戏台　　274

清宫演戏情况与相关文物

导 言

张淑贤

中国戏曲是一种综合的表演艺术,结合了唱、念、做、打。中国戏曲是世界三大古老戏种之一,其前身可追溯到秦汉时期的歌舞、说唱以及角抵百戏。此后千余年,这些艺术形式不断融合、发展、完善,陆续出现了南北朝、隋唐时期的"参军戏",宋元时期的院本、杂剧,明代的南戏、海盐腔和昆、弋诸腔,到清代则以昆、弋腔为主,同时吸收了民间高腔的部分特点,最终形成清代以京剧、昆曲为主的局面。特别应当指出的是,清代帝后(尤其是清中期的乾隆和后期的慈禧)热衷传统戏曲艺术,并曾大力提倡,如组建南府、景山等宫廷戏曲演出机构,遴选民间艺人进入宫廷戏班,令四大徽班进京,安排民间戏班进宫承应演出等等,从而有力地促进了中国戏曲艺术的发展,使宫廷演戏在乾隆、光绪两朝蓬勃鼎盛。

有清一代,演戏曲在宫廷日常娱乐和节日庆典中必不可少。为满足这一需求,内廷特意搭建戏台,制作戏曲服装、砌末道具,并由御用文人创作了许多专为宫廷演出用的剧本。故宫博物院庋藏清代宫廷所用的戏曲文物万余件,其数量之大、用料之优、工艺之精,在全国各地博物馆的收藏中首屈一指。在这些戏曲文物中,戏衣数量最多,另有盔头、砌末、剧本、戏画、戏台等。本卷遴选出252件(套)精品,以戏衣为主,戏画剧本、砌末戏台等文物为辅,依类别和时代为序胪陈,期望借此能对清代宫廷戏曲艺术的发展有一个较相对全面的展示。

一、从南府到升平署——清宫戏曲演出机构的演变

清初,宫廷中的奏乐演戏等活动因袭明制,由教坊司女优承应。顺治八年(1651)改为太监承应。康熙年间(1662—1722年)始设"南府"作为专门的演出机构,并仍归教坊司供奉。据《南府沿革》记载:"清初供奉只有昆腔、弋腔二种,多演应节令之戏,设在景山

内，于康熙年间迁入南长街，但景山仍住有外籍学生和教习……"由此可知，"南府"的称谓，是因地理位置而言的。至乾隆年间（1736—1795年），"南府"与景山两处机构并存，景山设总管首领，南府演出机构设内学和外学：内学为三学，称内头学、内二学、内三学；外学有二，分大学和小学。景山只设外学，亦分三学。此外，乾隆皇帝南巡时从苏州带回宫中的男女优伶则于景山另设"新小班"。

当时，内学由宫内习艺太监组成，外学为民籍子弟，也有少数八旗子弟习艺者，但更主要的是从苏杭等地挑选入宫的艺人。顺治年间，宫廷就曾派人到江南挑选女优进宫承应演戏。后来，苏州织造局所辖的"老郎庙"成为苏州戏剧班社的梨园总局，南府所需伶人均由其选送。康熙皇帝南巡至苏州时，亦曾亲自挑选伶人教习入宫。康熙赐以七品官服的内廷名优陈明智，就是苏州织造局迎驾演出时，在著名昆曲"寒香班"中被选入宫的教习。乾隆一生六次南巡，"自南巡以还，因善美优之技"，遂命苏州梨园选来很多男女优伶，进京后居景山。当时，内、外学总人数约一千四五百人，常年在宫中演出，可谓盛况空前。

乾隆以后，宫廷戏曲演出一度进入低潮，嘉庆十八年（1813），京城爆发天理教起事，一度攻入紫禁城。事件平息后，嘉庆"特命罢演诸连台"，以示自己"改除声色"。同时大幅削减宫廷戏曲演出机构。内、外学总人数降至五百人左右，南府内学缩减为二学，称内学和小内学。景山外学亦改为二学，分为大班、小班。

道光即位后，将南府内外学各缩减为一学，并将景山戏班并入南府统一管理。此后，又裁退南府"外学"内年老或艺差不能当差之艺人169人。道光七年（1827），正式撤销"外学"，将民籍学生"全数退回"，责令艺人俱回原籍，并改"南府"为"升平署"，品秩降为七品。自此宫中只有习艺太监以承应小规模的演出。那些被裁撤的艺人，一部分返乡，另一部分则搭入乾隆年间进京的

徽班演出。经此变故，昆腔、弋腔逐渐衰退，而徽班的乱弹则逐渐兴起。道光二十年（1840）因署中人数日少，连照例承应差事也无法承担，方再次挑选民籍学生入署当差。

南府改为升平署后，品秩虽降，但习惯上仍称南府，且管理仍很严格。故宫至今仍保留一

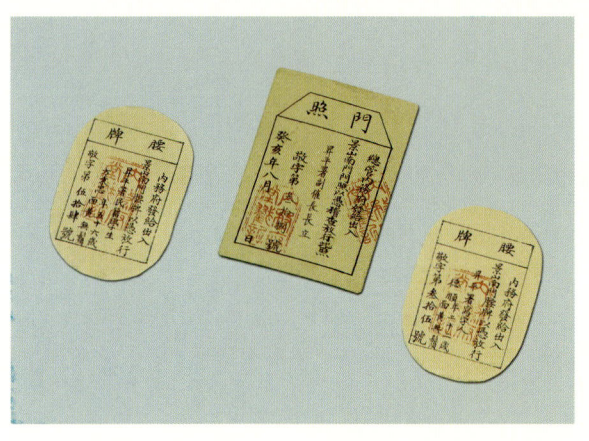

枚同治年间的木质篆文印，印铭为"升平署之图记"，上有朱印"内务府堂"戳记。此外，还有内务府发给升平署的"门照"和"腰牌"，为升平署艺人出入景山的凭证。门照及腰牌均为先印好格式，后填写姓名、年龄、面容等。由此可见，升平署作为内廷演出机构，因需出入宫廷，故其管理制度是极为严格的。

咸丰年间（1851—1861年），宫中演出再次增多。因当时内学的太监多不能承应，便挑选外班伶人临时入宫演出。但此番民籍艺人入宫，与康、乾时期的政策已截然不同。康乾年间，被选入宫内的民间艺人，除少数人可以请假出宫或告老归里外，大多永禁宫中，故时有艺人逃走，因此，朝廷对其防范颇严，并立有治罪条例。而咸丰年间戏班入宫演出只是临时任务，京城的三庆班、四喜班、双奎班、春台班等戏班要轮流进宫承应。民间戏班被频繁传入宫中演戏，不仅使民间剧种传入宫中，同时也使宫中的剧目传到民间，宫廷与民间戏曲得以交流，促进了戏曲艺术的发展。

慈禧太后对戏曲的喜好，使同（治）光（绪）时期（1862—1908年），特别是光绪年间，宫内演戏之风又掀高潮。这时，民间戏曲发展迅促，名目甚多，而宫内戏班演出多为旧本，不能满足慈禧看戏的需要，于是再度传外班伶人进宫供奉，并责令他们教习宫内太监学艺，从而使内学演戏又重新兴起。据《升平署日记档》记载："光绪十四年十一月七日，挑补民籍四名：杨月楼、王桂花、李玉亭、钱锦源交进当差，每人赏给月银二两，白米十石，公费制钱一串"。"光绪十六年五月二十日，交进新挑民籍学生五名：谭鑫培、孙秀花、陈得霖、罗寿山、李奎林交进当差"。此外，王瑶卿、梅雨田、沈福顺、杨小楼等名伶，亦曾入宫当差。至今，故宫中还保存103枚形似棋子之物，黑色木质，两面均贴本色纸墨书"谭鑫培"、"王桂花"、"周如奎"、"王凤卿"、"罗寿山"、"陈得霖"等外班名优之名。另有几枚只写"李"、"武"、"狄"等字的，当是内廷教习首领姓名。这些物件，很可能是慈禧、光绪看戏时用来点名演戏的。

与此同时，慈禧还以宁寿宫、长春宫的太监组建"普天同庆班"，亦称"本家班"，专门学习、排练民间的剧本。本卷所收象牙笏朱书"普天同庆班"仪仗模型（图225），可为此戏班存在之佐证。在清宫档案中藏有"普天同庆班"的折本戏目，包括《镇潭州》、《二进宫》、《金山寺》、《破洪州》、《戏凤》、《恶虎村》、《狮子楼》、《芭蕉扇》等戏共计

170出。演出形式既有昆、弋腔，也有西皮、二簧和乱弹。由于光绪年间宫廷内演出活动十分频繁，且内外戏班往来众多，为便于区别管理，在当时的戏单上，凡注明"府"字者，即升平署内学演；注"外"字者，即民籍学生演；注"本"字者，即"本家班"演。由此即可看出，当时清宫内外戏班演出剧种之多、剧目之丰富，均是前所未有。

二、清宫戏曲演出的类型及规模

清宫大内演戏，根据不同的节令有"月令承应"、"庆典承应"、"临时承应"等戏差。"月令承应"，凡遇元旦、冬至、除夕、上元、立春、端午、中秋等节令，内外学都要演出适应这些节日的剧目。如《喜朝五位》、《早春朝会》、《万花向荣》、《佛化金神》、《丹桂飘香》等。"庆典承应"，凡遇皇太后、皇帝万寿，皇帝大婚，后妃千秋或祝捷、巡幸等喜庆之日，则演出《双星永寿》、《碧月呈祥》、《八仙庆寿》、《寿祝万年》、《群仙庆贺》、《佛国祝寿》等剧目。"临时承应"和常年大戏，则有《鼎峙春秋》、《忠义璇图》、《昭代箫韶》、《升平宝筏》等剧目。

清代宫廷大规模地演戏，始自康熙二十二年（1683），当时内廷拨银千两，在后宰门（地安门）架高台，令教坊司演出《目莲传奇》。到了康熙五十二年（1713），皇帝六十大寿，为庆祝这次万寿节，自神武门起，西经金鳌玉栋桥、西四牌楼，北向新街口、西直门，止于畅春园大道，沿途搭戏台49座。连续上演《白兔记·回猎》、《浣纱记·回营》、《邯郸记·扫雪》、《单刀会》、《西厢记·游殿》、《鸣凤记》等昆曲和弋戏大戏，京城百姓纷纷前往观看，盛况空前。

乾隆朝是中国戏剧的发展时期，民间戏剧在各地普遍兴起，不仅齐、鲁、徐、淮一带有当地的民间戏，远至滇蜀边陲都有新兴的地方戏剧，在演戏向来繁盛的姑苏及扬州更甚。此时，宫廷演戏也更加频繁，且更具规模。乾隆数次为其母崇庆皇太后和自己的寿庆组织演

戏,每次规模都相当庞大,一度达到"自西华门至西直门外高亮桥,十余里中……每数十步间一戏台"的程度。据《燕岩集·庄杂记》记载,仅乾隆皇帝七十寿辰时,演出的戏本名目就达86种之多。除听戏外,乾隆还热衷于搜集、整理和编写剧本,甚至亲自参与创作和演出,击节鼓板,自制曲拍,自演自唱。现今故宫博物院仍收藏南府时期编写的不少昆腔和弋腔剧本,如《鼎峙春秋》、《劝善金科》、《昭代箫韶》、《升平宝筏》等,多是乾隆时期编写的。

乾隆年间的"徽班进京"是戏曲界大事。徽班是以安徽籍(特别是安庆地区)艺人为主,兼唱二簧、昆曲、梆子等的戏曲班社,开始多活动于皖、赣、苏、浙诸省,时称"徽池雅调"。乾隆五十五年(1790),为庆祝皇帝八十寿辰,扬州"三庆"班被征调进京,成为徽班进京之始。此后,四喜、启秀、霓翠、和春、春台等徽班相继进京,并逐渐合并为三庆、四喜、春台、和春四大徽班。当时不少新兴的地方剧种如高腔(时称京腔)和秦腔,已先流入北京。徽班特别吸收了秦腔在剧目、声腔、表演方面的精华,又合京、秦二腔,各班逐渐形成不同的风格:三庆擅长整本大戏,四喜擅长昆曲,和春擅于武戏,春台以童伶见长,故有"三庆的轴子,四喜的曲子,和春的把子,春台的孩子"之说。嘉庆、道光年间,徽班又兼习楚调等戏曲艺术之长,为汇合二簧、西皮、昆、秦诸腔向京剧衍变奠定了基础。四大徽班进京被视为京剧诞生的前奏,在京剧发展史上极为重要。

光绪年间,清王朝国力虽衰,但因慈禧酷爱看戏,宫廷演出的规模,丝毫不逊于前。慈禧垂帘听政四十八年,不论居住颐和园还是宫中,凡遇盛大节日,都要下懿旨看戏,并由皇帝、后妃、令妃及王公大臣陪同。史料记载,光绪二十年(1894),慈禧六十大寿,从西华门至颐和园沿途搭设大量戏台,演出剧目达数十种,持续演出十余日,耗费白银200万两。光绪之后,清王朝不久即亡,宫廷的戏曲演出,也随之退出了戏曲发展的历史舞台。

三、精工华丽的清宫戏曲服饰

清代宫廷演戏的盛况,也可以从其"行头"中窥见规模。所谓"行头"即演出时所穿戴的衣靠、盔帽、靴鞋等,分别置于大衣箱、二衣箱、三衣箱和盔头箱(圆笼)内。清宫所藏"行头"均为南府和升平署戏班演戏时所穿用,多以绫、罗、绸、缎、纱、缂丝等面料缝制。颜色鲜艳,纹样富丽典雅,织造极为精致。赵翼在《薑曝杂记》中记载:"内府戏班子弟,最多袍笏甲胄及诸装具,皆世所未见,余尝于热河宫见之"。从故宫藏品来看,赵翼所言不虚。粗略统计本卷所收宫廷演出之"行头"如下:

衣类有:蟒、开氅、褶子、帔、宫衣、箭衣、八仙衣、道姑衣、太监衣、福禄寿仙衣、法衣、富贵衣、英雄衣、卒衣、罪衣、罪裤、斗篷、裙、袈裟、僧衣等。

靠类有：男、女靠，霸王靠，猴靠，软靠，大铠，门神铠，牛形铠，马形铠等。

盔帽类有：王帽、夫子盔、狮子盔、忠纱帽、相貂、额子、鸭尾巾、武生巾等。

靴鞋类主要有：高方靴、朝方靴、短腰鞋等。

在这些品类繁多的"行头"中，最具代表性的当属戏衣。故本文以戏衣为例，对宫廷的戏曲"行头"做一介绍。戏曲衣、靠之形式，主要沿袭汉、唐至明以来的汉族传统服装样式，以"深衣"、"上衣下裳"、"襦裙"等制度为主。不分朝代、不分地区、不分季节，均可以穿用。但具体到戏中角色的扮相穿戴，则有较为严格规定，形成"宁穿破，不穿错"的穿戴原则。如扮演文官，在朝会典礼场合穿蟒袍，平时会客办公穿帔，燕居时则穿褶子。武官点兵阅操时穿靠，典礼时穿蟒，平时办公穿开氅，居家穿褶子。武士、侠客则穿打衣、打裤。除形式外，戏衣用色亦有严格的规定，所谓"十蟒十靠"，即戏曲服装有"上五色"、"下五色"之分。上五色即：红、绿、黄、白、黑；下五色即：紫、粉红、蓝、湖、绛。穿用时，要根据所扮人物的年龄、性格及品德而定。一般而言，扮相庄严贵重者穿红色，有德之人穿绿色，扮皇帝则穿黄色，扮青年用白色，黑色为扮相庄重、刚直及性格豪放者穿用。如本卷所收青缎绣平金团龙暗八仙纹男蟒（图6），既可为包公所穿，亦可为张飞、焦赞等角色所用。此外，还有杏黄、香黄等色，为元老功臣以及王公等服用，其余颜色为平时常服。

除了汉族传统服装式样外，还有一些融合了满族服饰特点的服装，如箭衣（图82—86）、马褂（图176—177）、旗衣（图178—180）等，也被广泛应用于宫廷戏曲演出中。与此同时，宫廷戏班还根据角色需要，制作了一些专用服装，如八仙衣（图93—100）、十二月花神衣（图115—126）、牛郎衣（图133）、织女衣（图134），福、禄、寿、喜、财五神衣（图128—132）等等。此外，还有龙、狮、象、鹿等兽形衣；仙鹤、青鸟、鸾鸟、鹦鹉等飞禽衣；蟹、龟等水族衣等等。皆用料考究，工艺精美，为宫廷戏班所独有。如白缎绣平金羽纹鹦鹉衣（图141），由白缎剪裁成羽毛状，再用平金针法绣出羽毛纹理，

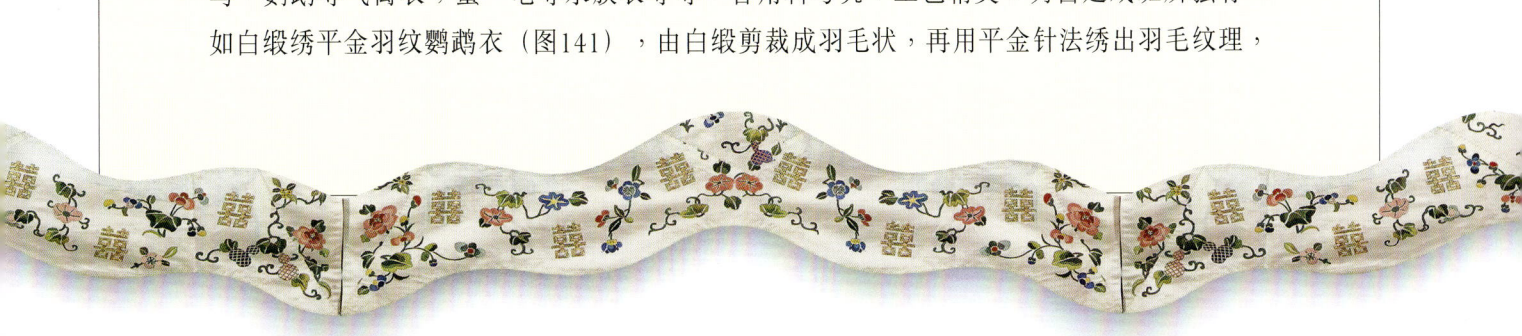

并加以圈边，同时又用色线绣翎眼，然后片片叠压，缀满全身。其工艺之精，造价之昂贵，绝非一般民间戏班所能企及。

因对原材料和织造工艺要求较高，清宫戏衣的衣料来源和成衣过程亦非民间戏班可比。据《大清会典》记载：江宁、苏州和杭州织造局等机构负责宫廷织绣品的织造和采办。每年，"江南三织造"和各地官员都要进贡数万匹的织绣品，这些织绣品根据用途可分为"上用"、"内用"和"官用"三大类。"上用"即皇帝御用；"内用"为后妃等人所用；"官用"则有赏赐臣下等用途。不同用途的织物采用的纹样和原料品质各不相同。以此推断，宫廷戏班所用服饰，大多以官用织绣品缝制。在内务府造办处专设有衣作、皮作、盔头作，可以置办、承做宫廷戏班所用"行头"。此外，苏州织造、两淮盐政等地方官署，经济实力雄厚，又位于全国纺织业中心地区，亦可根据内廷的需要承做戏衣，特别是那些造价昂贵、工艺难度大的服装，时常交予他们承办。如"雍正七年十月十三日，宫殿监副侍刘玉交法衣一件、红缎道衣一件。传旨：交苏州织造照样做法衣十件，道衣五十件，钦此。"再如"乾隆四十六年二月二十五日，太监总管王成交各色男女花神衣十三对……各色靠七十九身……，传旨与两淮盐政伊龄阿，照发出各色袈裟、花神衣、衣靠等项样式、件数、色目，照式妥贴成做送来。钦此"，"乾隆四十七年十二月送到讫，传旨，交南府"。据《扬州画舫录》记载："小张班十二月花神衣，价至万金"。民间戏班所用尚且如此，那么宫廷戏班这十三对花神衣（其中一对为闰月，故实为十二对）之价必远超乎其上。无论是发往苏州织造等地制作的戏衣，还是内务府衣作、皮作等处所做戏衣，其工艺流程都十分严格。首先由如意馆画师绘制样衣，有的样衣还要着色，然后呈请皇帝御览，得到钦准后再发往各地制办。

从清宫戏曲演出机构的变迁和分析戏衣实物可知，清宫戏衣的制作大体可以分为两个阶段。第一阶段为康熙至嘉庆年间，即南府时期。在这一阶段，有小部分戏衣是用明代库存的丝织品制作的，如月白妆花缎四季花卉纹卒衣（图79）和姜黄地锦盘绦瑞花纹开氅（图74），虽成衣于乾隆年间，但其面料分别为明代江宁（南京）织造和苏州织造的贡品。此外，更多的则是由"三织造"根据自身不同的技术特点和地理优势承做的。一般来说，江宁长于织金妆彩、倭缎等；苏州的缂丝、刺绣、织锦工艺最精；因湖丝的品质最为优良，故轻薄的如绫、罗、纺、绉、绸等则多由杭州织造。也有一些品质要求特殊的织物是由三地合作完成的，如用湖丝在江宁织成匹料，再发往苏州刺绣。如本卷所选红妆花纱彩云金龙纹男蟒（图1）、明黄妆花缎彩云金龙纹男蟒（图3）、白妆花缎彩云金龙海水纹女帔（图32）等，均为江宁所出。而绿缎绣八团云蝠花卉纹宫衣（图27）、香色暗花纱绣平金灯笼蝴蝶纹男帔（图30）、绿地天华锦四合如意纹开氅（图76）、粉色暗花纱绣花蝶纹褶子（图41）等，则为苏州衣料所成。这些戏衣用料考究，织绣工艺精湛，纹样新颖别致，历经二三百年而艳丽如初，堪称织绣工艺之珍品，亦是研究清代江南织造的重要实物资料。

第二阶段为道光至光绪年间，即升平署时期。这一阶段，衣料多选用暗花缎、暗花绸及一些素色绫、绸、缎料，也有少量缂丝、纱织物等。为迎合统治者审美需要，将大量吉祥纹样织绣在服装上作为装饰，如"五蝠捧寿"、"富贵长寿"、"玉堂富贵"、"福寿三多"等广泛应用，是此时戏衣的一大特点。总体来看，这一阶段戏衣制作数量虽然超过前期，但在选料、做工上则极少能超越。

很多清宫戏衣都在衬里加盖印铭或墨书文字，尤其值得重视。如：黄地纳纱绣花蝶纹男帔（图29），衬里墨印"大戏记用"、"如意"、"同春"、"仁和"、"长春"等。拼各色缎菱形纹道姑衣（图101）的衬里钤楷体阳文墨印"同春"、"长春"、"仁合"、"南府内头学记"，并墨书"女豆沙水田衣"。织金地缂缠枝莲孔雀羽纹云肩斗篷外国衣（图160），衬里有楷体朱印"大戏记用"一方，并墨书"雕啼国"、"安南国"等字。此外，亦有钤"外三学"、"外头学"、"南府外头学·同乐园"、"景教习"、"南府外头学·含淳堂"、"景中学"、"吉祥"、"内头学"、"升平署图记"等印文者。并有"目莲"、"昭代"、"钟斯衍庆"等墨书文字。

这些印铭与墨书大致可分四类。

第一类为演出地点。"长春"、"重华宫大戏"、"南府外头学·同乐园"、"热河"、"南府外头学·含淳堂"等印均属于演出地点。如"长春"指故宫内长春宫，建有长春宫戏台（图252）。"同乐园"、"含淳堂"均位于圆明园，同乐园是园内最大的戏台。内外学演员演出时穿用的戏衣加盖此类铭印，以标明演出地点。

第二类为戏曲名目。如"目连"、"昭代"、"钟斯衍庆"等，均属于乾隆、光绪朝所演的连台大戏。"目连"即《劝善金科》之"目连救母"一折，"昭代"即《昭代箫韶》，《螽斯衍庆》则是后妃千秋节（生日）所演的连台大戏。钤此铭记，为的是标明每出戏中角色所穿用之服饰，以免出错。

第三类为宫廷戏班名称。如本文第一部分所述，"南府头学"、"景中学"、"景山大班"等铭记都属于清宫内学戏班名称，内学主要由宫内太监组成。而"南府外头学"、"外三学"等铭记，则是宫廷外学戏班之名称。做此标记，主要是为了区别内外学习班。

第四类为民间戏班名称，这些民间戏班入宫演出，穿用的都是宫廷所制戏衣，故需在服装上加钤印铭，"同春"、"仁合"、"永吉"、"吉祥"等皆属此类。如沉香地锦重莲蔓草纹开氅（图77）钤有"同春"印，表示此衣曾为同春班入宫演戏时所用。据《升平署志略》记："光绪二十年三月初六日降旨，十四日、十五日同春班颐和园伺候戏"。在《升平署档案》中也有："光绪二十一年六月二十六日传同春班纯一斋伺候戏"的记载。同春班是京剧演员谭鑫培与周春奎于光绪十三年（1887）组建的戏班。

这些传世的清宫戏衣不但因华丽精工而珍贵，其衬里所钤印铭和文字，对研究清宫戏曲文化以及晚清戏曲名家在宫廷内的演出活动，亦有重要的史料价值。

四、丰富的清宫戏曲砌末

砌末为戏曲道具的总称，有舞台装置、生活用具、交通工具、刀枪把子、刑具等类，属于衣、靠、盔、杂四箱之"杂箱"。清宫所遗存砌末种类齐全，有象征交通工具的，如红纱绣平金钉线车旗（图210）、缠丝带彩色丝穗马鞭（图215）等；有象征生活用具的，如红缎绣玉堂富贵纹椅披、椅垫、桌围（图200），黄暗花绸绣博古花卉纹门帐（图201）以及茶具、酒具、宫灯、文房四宝、扇子、手绢等；还有虚拟自然界的水、火、云的水旗、火旗、云旗以及象征水族的鱼旗、虾旗、蚌旗与蟹旗等。除了上述这些具有较强象征和虚拟意味的砌末以外，还有刀、枪、把子等武器类道具。所谓"长把子"是指与人等高甚至超出身高的戏曲道具，其中有刀、枪、钺、戟等兵器，也有玉棍、金瓜、朝天镫、荷包枪等銮驾仪仗，甚至还有拐杖等日常用具。这些道具的存放和使用，也有比较严格的规定，如黑漆彩绘云蝠杆云龙纹刀（图216），刀身长于一般刀，为三国戏中关羽所用。按戏班规矩，把子箱中神佛及重要人物所用道具，都有固定位置，不许随意乱动，关羽所用大刀也包括在内。短打类武器则主要指鞭、狼牙棒、锏、宝剑、腰刀等较为短小的兵器道

具。还有一些专用的成套道具,如《西游记》戏中的锡杖、金箍棒、双头铲、九齿钉耙等道具(图218),饶有趣味。砌末中还有刑棍、枷、手铐、铜锭等刑具,以及表现舞台环境和渲染气氛的幕景、台衣。如"灵仙祝寿"幕、"鹤鹿同春"幕,虚拟的城墙、山水等布彩绘台衣等等,都是极为精致的。因篇幅所限,不再赘述。

清宫戏班所用的砌末道具,当时除了在大内保存一份外,在圆明园、热河行宫、张三营行宫、盘山行宫、颐和园等处的升平署衙门亦保存一份,以备各行在演出时之用。从现存实物和史料记载来看,清宫为演戏置办行头、砌末的耗费惊人。如光绪年间,慈禧五十寿辰,先后在畅音阁和长春宫演戏十六天,专为此置办行头、砌末一项就耗费白银达11万两。清代宫廷演戏曲规模之大,由此亦可窥见一斑。

五、清宫戏曲演出之剧本及戏曲画册

清初,康熙皇帝不但观剧,亲自挑选演员供奉内廷戏班,还关注并命人修改宫中演出的剧本。在《圣祖谕旨》中就有:"《西游记》原有两三本,甚是俗气,近日海清,觅人收拾。已有八本,皆系各旧本内套的曲子,也不甚好。尔都改去,共成十本,赶九月内全进呈"的记载。乾隆时期,不但收集、整理民间剧本,同时亦是"清宫大戏"编写的高潮,乾隆命张照等御用文人撰写了许多新的剧本。据《啸亭杂录》载:"乾隆初,纯皇帝以海内升平,命张文敏制诸院本进呈,以备乐部演习。凡各节令皆奏演其时典故,故屈子竞渡、子安题阁诸事,无不谱入,谓之月令承应。其余内廷诸喜庆事,奏演祥征瑞应者,谓之法宫雅奏。其余万寿令节前后奏演群仙神道添筹赐禧,以及黄童白叟含哺鼓腹者,谓之《九九大庆》。又演目犍连尊者救母事,折为十本,谓之《劝善金科》。于岁暮奏之,以其鬼魅杂出,以代古傩祓之意。演唐玄奘西域取经事,谓之《升平宝筏》,于上元日前后奏之……""其后又命庄恪亲王谱蜀汉《三国志》典故,谓之《鼎峙春秋》。又谱宋政和间梁山诸盗及宋、金交兵,徽钦北狩诸事,谓之《忠义璇图》。"此外,还有反映北宋杨家将故事的《昭代箫韶》……凡此种种,不一而足。

乾隆朝虽然编写了大量新剧本,但内容主要为《西游记》、《封神榜》及《目连救母》等神佛故事,当时宫内常年演出的,也是天仙化人、鬼怪精灵之类的神仙戏,极少涉及社会现实。据《升平署志略》记载"上秋狝至热河……中秋前二日为万寿圣节……所演戏,率用《西游记》、《封神传》等小说中神仙鬼怪之类,取其荒幻不经,无所触忌,且可凭空点缀,排引多人,离奇变诡作大观也"。这种情况,与当时的文字专制政策密切相关,乾

隆朝是清代文字狱最为严重的时期，若有一字之嫌，即会招来杀身灭门之祸，所以当时的戏剧作者，只能寻求一些与社会现实毫无关系的题材。直到后来，随着文化政策逐渐宽松，同时也为了宣扬忠、孝、节、义的道德观念，方能演出有关"三国"、"水浒"、"杨家将"等内容的历史剧。

清代的宫廷大戏如《劝善金科》、《昭代箫韶》、《鼎峙春秋》、《升平宝筏》等，都是10本，240出。《铁旗阵》等5本大戏，则共1063出。这些大戏不但规模庞大，剧本种类亦很多，这些剧本一般按用途分为六类。

（一）"安殿本"，恭楷精写戏的内容，是专供皇帝和皇太后看的。

（二）"总本"，内容和"安殿本"相同，但非精写，专供排演人员使用。

（三）"单头本"，是戏中某个角色所用的，内容为该角色的戏词。

（四）"曲谱"，内容为戏中每个角色唱词，旁注有音符和板眼节奏。

（五）"排场"、"串头"，是一出戏的表演说明，包括"身段"、"武打"的指示和舞台调度，部分还附有图解。

（六）"题纲"，此剧本的种类较多，一是指演出时张贴在后台的一览表，其上列着每一场戏角色出入场的次序，专供舞台监督人员使用。另有亦名为"题纲"的本子，有档册性质，例如《穿戴题纲》，其中记载着戏中角色的穿戴扮相和所用道具，供管戏箱的人员使用。还有一种类似演戏日志性质的本子，也称"题纲"。

上述剧本多指昆、弋腔戏本，除此之外，还有一部分"乱弹"和"梆子腔"剧本。在南府与升平署初期，偶尔演出的"乱弹"是泛指昆、弋以外的"时剧"、"吹腔"、"西皮二簧"等，又称为"侉腔"。而从光绪三十四年（1908）升平署库存戏本目录分类来看，戏本有"昆腔"、"梆子"、"乱弹"之分。其中"乱弹"类有单出戏360出，连台戏31部，全是"西皮二簧"，说明此时"乱弹"已专指西皮二簧。目前所见升平署遗存的"西皮二簧"和"梆子"剧本都是光绪年间的，这是因为当时"西皮二簧"戏在宫中上演场次日见增多，又经常传外班进大内承应，所以必须按以前"昆腔"、"弋腔"的演出制度建立戏本。升平署"写法处"的"写字人"，就是专门从事剧本抄写工作的。

当时宫廷"如意馆"的画师特意为这些上演的剧目绘制了多幅《戏剧人物画》。此类绘画均为绢本设色，有160幅分两册装，还有15幅及50幅各一册。前者首题"性理义情"，每幅画中人物 3~8 个不等，一般只画主角。人物上首题扮演者姓名，画的下角有题签，注有剧名。15 幅册大体与之相同，但每幅画戏中 7 个人物。50 幅册每出戏画两幅或四幅不等，每幅只画 1 个人物，有剧名、人物名，但无题签。以上画幅均无名款和年款。据朱家溍从所画戏剧的名目和女角旗装考定，所画或是徽班常演的剧目，或是咸丰年间才进宫演唱的戏曲。又从旦角的旗装"两把头"形式认定不是同治时的式样，因此确定画册应为咸丰年间，"如意馆"画师按照徽班演出剧目所绘。这些戏曲人物画多为写实作品，可与遗存的各类剧本、戏衣、砌末互为参照，是研究清代中后期宫廷戏曲曲目和人物服饰穿戴的宝贵图像资料。

六、形式多样的宫廷戏台

由于清宫演戏频繁，故在皇宫大内和行宫苑囿中广建戏台，其中不乏古建筑之精品。如中南海的纯一斋戏台，康熙年间所建，立于南海水面之中，称为"水座"，为当时夏季演节令戏所用。紫禁城内至今保存完好的戏台有：宁寿宫畅音阁大戏台（图248）、重华宫漱芳斋戏台（图249），还有漱芳斋室内风雅存小戏台（图250）、宁寿宫倦勤斋小戏台（图251）等。行宫苑囿中的戏台有：圆明园同乐园清音阁戏台；颐和园内德和园大戏台、听鹂馆戏台；承德避暑山庄如意州一片云戏台等等。此外，在南长街南口的南府旧址（今北京长安中学校内），还保存着一座南府戏台，可为历史的见证。

清宫戏台有室内和室外之别，高低和大小之分，建筑形式和结构也各不相同，是为适应不同规模的演出而设计的。大型戏台，如宁寿宫后阁是楼院内畅音阁（图248）与颐和园的德和园戏台，均规模宏大，建有三层，上有天井，下有地井。舞台下层为"寿台"，天花板与地板都是活动的，中层为"禄台"，上层称"福台"，设有多座木梯可下到"寿台"。如演出《九九大庆》、《地涌金莲》、《罗汉渡海》等承应大戏时，扮演神仙、佛祖等角色的演员，即可在此表演升仙、下凡、入地等情节，还可表演数百神仙同时在三层戏台现身的壮观场景。赵翼于乾隆万寿节在热河清音阁戏台（已毁）观看演出后记述："戏台阔九筵，凡三层……神仙将具，先有道童十二三岁者，作队出场，继有十五六岁、十七八岁者，每队者各数十人……又按六十甲子扮寿星六十人，后增一百二十人，又有八仙来庆贺，携带道童不计其数。至唐玄奘僧雷音寺取经之日，如来上殿，迦叶、罗汉、辟支、声闻，高下分九层，列坐几千人，两台仍绰有余地……"此话虽有夸大，但从中亦可见戏台规模之庞大。

小型戏台，如紫禁城宁寿宫倦勤斋内小戏台（图251），是乾隆四十一年（1776）仿建福宫花园得胜斋内小戏台而建的，顶作四角攒尖方亭式，上挂藤萝和萝花，这种装饰效果，如同一座室内花园中的"乐棚"，清雅素丽，以供八角鼓、折子小戏等演出。

综上所述，这些于今仍保存完好、规模宏大的清代戏台建筑，华丽精美的戏曲"行头"、"砌末"以及记录详尽而完整的剧本、戏画等，是研究清代宫廷戏曲美术及其表演艺术珍贵的实物资料。它不仅有助于窥得清代宫廷演剧之盛况，更有助于掌握中国戏曲发展变化的基本脉络。同时，也使人们从一个侧面，对清代宫廷文化有初步的了解。

参考文献：

(1)《徐兰沅操琴生活》徐兰沅口述、唐吉整理
(2)《宸垣识略》清·吴长元辑
(3)《燕岩集》韩国·朴趾源著
(4)《清升平署志略》王芷章著
(5)《啸亭杂录》清·昭梿著　选自《历代史料笔记丛刊》
(6)《故宫珍本丛刊》
(7)《清代内廷演剧始末考》朱家溍　丁汝芹
(8)《消夏闲记·梨园佳语》清·顾公燮著
(9)《扬州画舫录》清·李斗著
(10)《行头盔头》齐如山著
(11)《簷曝杂记》清·赵翼著
(12)《清宫戏衣材料织造及来源浅析——兼谈戏衣衬里上的几方印铭》张淑贤
(13)《中国昆曲、京剧与明清宫廷》李天绶

戏曲服装（行头）

Theatrical costumes

蟒袍官衣 (Python Robes and Official Robes)

1

红妆花纱彩云金龙纹男蟒
清乾隆
身长135.8厘米 两袖通长225.5厘米 下摆宽107.5厘米
清宫旧藏

Male python robe of red gauze with clouds and gold dragons
Qianlong period
Robe length: 135.8cm
Cuff to cuff: 225.5cm
Hemline: 107.5cm
Qing Court collection

齐肩圆领，大襟右衽，阔袖宽身，衣长及足。衬月白素纱里。领前后为过肩龙各一，两袖后为行龙各一，下幅前后为升龙各二，下摆处饰海水江崖纹，周身间饰如意云、盘长等吉祥图纹。

此蟒面料为明末清初江宁织造贡品，成衣于乾隆年间，织造

精工，提花规整，设色瑰丽考究，大量用扁金、双圆金，金彩交辉，益显华美，为戏衣之珍宝。

蟒，即"蟒袍"，是剧中帝王将相等人物通用之礼服。形制固定，用色丰富，分上五色（红、绿、黄、白、黑），下五色（紫、粉红、蓝、湖、绛），使用有严格规定，穿时腰际必饰玉带。红色蟒表示庄严贵重，为地位较高的王侯、元帅等穿用。如《龙凤呈祥》中刘备、《四郎探母》中杨延辉等均穿红蟒。

2

绿妆花缎彩云金龙纹男蟒
清乾隆
身长135厘米 两袖通长229厘米
下摆宽95厘米
清宫旧藏

Male python robe of green satin with clouds and gold dragons
Qianlong period
Robe length: 135cm
Cuff to cuff: 229cm
Hemline: 95cm
Qing Court collection

齐肩圆领，大襟右衽，阔袖宽身，衣长及足。内衬粉红素绸里。领口及右腋下钉绿缎系带二条，两腋下有绿缎穿玉带襻二个。前胸、后背、两肩装饰金色正龙各一，两袖前后、前后腰下左右饰升龙各一，龙间装饰五彩祥云纹，下幅饰海水江崖纹，间饰珊瑚、宝珠、经卷、古钱等杂宝纹。后背里上钤篆书"升平署图记"阳文朱印一方。

此蟒形制规整，用料讲究，装饰豪华，制作精良，用色有金、红、粉、水粉、绿、浅绿、豆沙、蒲灰、香、黄、蓝、月白、白等多种。从钤印可知，此衣曾归"升平署"所有。

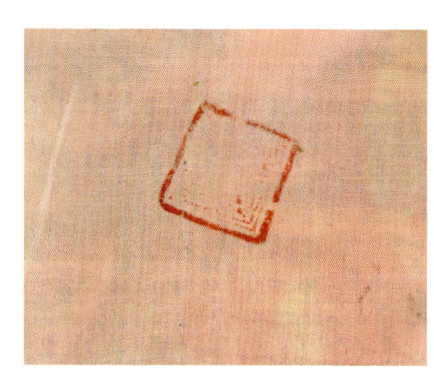

3

明黄妆花缎彩云金龙纹男蟒
清乾隆
身长138厘米　两袖通长240厘米
下摆宽106厘米
清宫旧藏

Male python robe of bright yellow satin with clouds and gold dragons
Qianlong period
Robe length: 138cm
Cuff to cuff: 240cm
Hemline: 106cm
Qing Court collection

齐肩圆领，大襟右衽，阔袖宽身，衣长及足。内衬粉素绸里。领口及右腋下钉明黄素缎系带二条，两腋下有穿玉带袢二个。前胸、后背、两肩装饰织金正龙各一，两袖前后、下幅前后腰左右饰金色升龙各一，五色流云点缀其间。下幅为海水江崖及杂宝纹。

此蟒制作规整，用料讲究，做工精良，纹样生动。配色有金、蓝、月白、香、黄、豆沙、雪灰、白、绿、浅绿、红、粉、水粉等多种，润色自然。具有清乾隆时期宫廷戏衣的鲜明特色。

4

月白妆花纱彩云金龙纹女蟒
清乾隆
身长120.6厘米 两袖通长220厘米
下摆宽102厘米
清宫旧藏

Female python robe of bluish white gauze with clouds and gold dragons
Qianlong period
Robe length: 120.6cm
Cuff to cuff: 220cm
Hemline: 102cm
Qing Court collection

长至膝,裾左右开。衬粉红色连云纹暗花纱里。领前后为过肩龙各一,两袖后行龙各一,下幅前后为升龙各二,下为海水江崖纹。杂宝、八宝、四合如意云、骨式云、灵芝云等纹饰布满周身。衬里墨印"南府外头学同乐园"、"长春"、"吉祥"等。

此蟒面料为清初江宁织造贡品,乾隆年间成衣。从内里的墨印可知,此衣属"南府外头学",并为"同乐园"、"长春宫"等处用过,"吉祥"班进宫承应戏差时亦曾穿用。

女蟒是剧中扮青年贵妇所服用,形制与男蟒基本相同,但身长短于男蟒,长仅及膝,穿时加云肩,下身系裙。

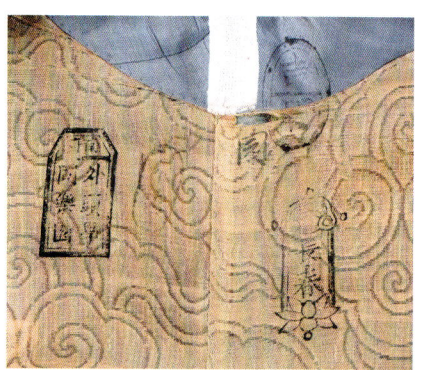

5

白缎绣平金龙鹤云蝠纹男蟒
清光绪
身长145厘米 两袖通长215厘米
下摆宽105.6厘米
清宫旧藏

Male python robe of white satin embroidered with clouds, cranes, bats and gold dragons
Guangxu period
Robe length: 145cm
Cuff to cuff: 215cm
Hemline: 105.6cm
Qing Court collection

圆领，大襟右衽，阔袖宽身，缀月白绸水袖，衣长及足，粉红色麻布衬里。通体平金绣五爪金龙十团。衣身前后正龙之下，绣蝙蝠口衔如意，蝠下双桃并列，寓意"福寿如意"。下为束绶带的双柄如意和双"卍"字，寓"如意万代"。金龙周围彩绣云蝠及口衔寿桃的仙鹤，并点缀平金团"寿"字。

此蟒纹饰在削弱龙之威严的同时，增添了祥瑞的气氛，这是光绪时期宫廷戏曲服装在纹样处理上的一种趋势。因白色具有素雅、圣洁的色彩特性，因此白蟒多用于英俊的年青武将或儒雅的将领、元帅等。清代弋腔戏中服白蟒者有《敬德钓鱼》中的薛仁贵、《河梁赴会》中的周瑜等。京剧《辕门斩子》中老生行当的杨延昭，《三江越虎城》中武生行当的罗通也都身穿白蟒。

6

青缎绣平金团龙暗八仙纹男蟒
清光绪
身长153厘米　两袖通长219厘米
下摆宽132厘米
清宫旧藏

Male python robe of black satin embroidered with 10 gold dragon medallions and 8-Immortal emblems
Guangxu period
Robe length: 153cm
Cuff to cuff: 219cm
Hemline: 132cm
Qing Court collection

圆领，大襟右衽，宽身阔袖，缀月白素绸水袖，衣长及足。粉红色麻布衬里。通体平金绣龙纹十团，外环以云蝠、海水江崖纹。团龙间彩绣朵云，云间散布扇、箫、剑、鱼鼓、玉板、葫芦、花篮、荷花等暗八仙纹样，以及蝠衔"卍"字和蝠衔寿桃图纹，寓"万福"、"福寿"等吉祥意。下摆为海水江崖，海浪中浮现法螺、法轮、宝伞、白盖、莲花、宝瓶、金鱼、盘长等佛教法器组成的八宝纹。

此蟒黑色缎地衬以大量金线和藕荷绣线，显得分外醒目。由于黑色具有庄重感，因此具有庄重气派、刚直性情之人服用黑色。同时还规定，凡画黑色脸谱，性格豪放粗犷之人也服用黑色。如清宫昆腔杂戏《十宰》中，尉迟恭即服用黑蟒，京剧中《赤桑镇》中包拯、《龙凤呈祥》中张飞、《打焦赞》中焦赞也均服用黑蟒。

7

紫缎绣瓜瓞纹女蟒
清光绪
身长133.5厘米　两袖通长206.5厘米
下摆宽103.5厘米
清宫旧藏

Female python robe of purple satin embroidered with melon vines and butterflies
Guangxu period
Robe length: 133.5cm
Cuff to cuff: 206.5cm
Hemline: 103.5cm
Qing Court collection

圆领，大襟右衽，宽身阔袖，缀月白素绸水袖，白色麻布衬里。主体纹样为带蔓的瓜、葫芦及蝴蝶，葫芦与瓜蔓组合为"葫芦勾藤"，有万代长久之意，"蝶"与"瓞"同音，瓞为小瓜，组合为"瓜瓞绵绵"，用以寓子孙昌盛。在下摆处还有伞、宝瓶、莲花等八宝纹。

此衣构图繁密丰满，缺少了几分轻盈，而略显笨拙，却较为符合当时宫廷用品装饰繁缛的风尚。纹样绣线用色，大量采用与衣料颜色反差较大的绿和蓝色系列，颇有压抑之感，为了改变这一效果，所有纹样均用金线圈边，在蝶翅、葫芦、藤蔓上亦大量采用金线来提高亮度。

8

香色缎绣平金团龙云蝠八宝纹女蟒
清光绪
身长117厘米　两袖通长172厘米
下摆宽104.5厘米
清宫旧藏

Female python robe of tan satin embroidered with clouds, bats, 10 gold dragon medallions and 8-Auspicious motifs
Guangxu period
Robe length: 117cm
Cuff to cuff: 172cm
Hemline: 104.5cm
Qing Court collection

圆领，大襟右衽，宽身阔袖，缀月白绸水袖，衣长过膝，粉红色麻布衬里。周身绣十团金龙，龙纹外环以五彩祥云，团龙间散布云蝠，云间绣有法螺、法轮、盘长、莲花等佛教八宝及平金双"喜"字。

香色女蟒多是位高身尊的老年妇女所用，又称老旦蟒。使用时，与普通女蟒区别在于不配云肩和玉带，仅于腰间悬系丝绦，颈挂朝珠。多用于老郡主、老诰命夫人。如京剧《太君辞朝》中佘太君、《大登殿》中王夫人、《樊江关》中柳迎春等。

9

杏黄缎绣平金云龙暗八仙纹太监蟒
清光绪
身长148.5厘米　两袖通长212厘米
下摆宽105厘米
清宫旧藏

Eunuch's python robe of apricot yellow satin embroidered with gold dragons, clouds and 8-Immortal emblems
Guangxu period
Robe length: 148.5cm
Cuff to cuff: 212cm
Hemline: 105cm
Qing Court collection

圆领，大襟右衽，腋下钉缎带两条，腰间打折，钉宽边。衬粉色麻布里。用五彩丝线和双圆金线平金绣图纹，领前后为过肩龙各一，两袖后绣行龙各一，间饰五彩云蝠八宝纹。两袖后绣行龙各一，下幅前后绣行龙各二及暗八仙、云蝠、桃实、海水江崖杂宝纹。领、袖、下摆处镶蓝缎绣平金云鹤、桃实纹宽边。

太监蟒，亦称"铁莲衣"，是蟒服的一种，形制与蟒相似，专供剧中大太监所服用，故名。此蟒为随驾大太监服用。

10

红缎绣平金云龙纹加官蟒
清乾隆
身长138厘米 两袖通长229.5厘米
下摆宽93厘米
清宫旧藏

Python robe of red satin embroidered with clouds and gold dragons, for the Rank Promotion Blessing Dance
Qianlong period
Robe length: 138cm
Cuff to cuff: 229.5cm
Hemline: 93cm
Qing Court collection

圆领，大襟右衽，宽身阔袖，衣长及足，内衬粉色素绸里。领口及右腋下有红缎系带各二条，两腋下钉穿玉带襻二个。前胸后背平金绣过肩龙二条，双龙盘绕，四周彩绣海水江崖纹及杂宝纹。两袖前后及前后腰下绣平金云龙及海水江崖纹。在领口、大襟、袖口、下摆则彩绣缠枝莲纹边，前腰处钉红缎平金夔凤纹腰梁，腰梁下缀红缎绣缠枝莲纹如意形飘带。后背领里钤篆体朱印"升平署图记"一方。

此蟒为清宫演戏跳加官时加官之服。制作规整，装饰富丽，做工精致，是乾隆时期戏衣的典范之作。

所谓"跳加官"，是旧时重大演出的开场仪式。演员扮"天官"，穿红袍，口叼面具，做醉步状，向观众展开的条幅上写着"天官赐福"、"加官进禄"等吉祥祝辞，乐队演奏特制"加官"锣鼓，是戏曲原始表演之遗留。

11

红缎缀绣平金云鹤纹方补男官衣——文一品
清乾隆
身长138.5厘米　两袖通长206厘米
下摆宽130厘米
方补纵28.5厘米　横28厘米
清宫旧藏

Male robe of red satin with red square patches embroidered with gold thread crane for the 1st grade civil official
Qianlong period
Robe length: 138.5cm
Cuff to cuff: 206cm
Hemline: 130cm
Square patch length: 28.5cm
Square patch width: 28cm
Qing Court collection

圆领，大襟右衽，宽身阔袖，两侧开裾，衣长及足，内衬粉色素绸里。领及腋下钉红缎带各两条。胸前背后各缀红素缎方补一块，以双圆金线绣平金地，上以彩色丝绒绣线云鹤、海水江崖纹。仙鹤展翅立于湖石之上，回首望日，间饰五彩祥云，方补边框钉双圆金线三道。

此衣绣工精细，针脚匀齐，用色艳丽，呈现出金彩交辉的艺术效果，这在戏衣官服中较为少见。京剧《三堂会审》中的藩司潘必正即服红官衣。

文官衣，为戏剧中文职官员穿的礼服，其形制固定，穿官衣腰际必围玉带。穿紫色、红色表示官阶品位较高，蓝色次之，黑色最低，但有例外。按清代官制，文官为九品，绣飞禽方补，并以此区分官级。

15

12

红缎缀绣平金锦鸡纹方补男官衣——文二品
清光绪
身长138.2厘米　两袖通长215厘米
下摆宽133.5厘米
清宫旧藏

Male robe of red satin with black square patches embroidered with gold thread pheasant for the 2nd grade civil official
Guangxu period
Robe length: 138.2cm
Cuff to cuff: 215cm
Hemline: 133.5cm
Qing Court collection

官衣形制如前，前后胸各缀黑素缎方补，平金绣锦鸡及旭日海水纹。锦鸡外祥云环绕，云间浮现葫芦、宝扇、花篮等暗八仙纹，太阳采用绢线绣。方补平金回纹圈边。

清代典制规定，以方补纹样区分官阶、身份，文绣飞禽，武绣走兽。依规定，此方补应为文官二品。但在戏装中，表示官阶的高低，亦可从官服颜色来大致区分，红官衣在诸色中，仅次于紫色，多为巡按、府道等大员服用。此外，丑角所扮品秩较低官员亦穿用，但略短。作为特例，新科状元和结婚礼服也可选用红官衣。

13

绿缎缀绣平金孔雀纹方补男官衣——文三品
清光绪
身长147.5厘米 两袖通长200厘米 下摆宽110厘米
清宫旧藏

Male robe of green satin with green square patches embroidered with gold thread peacock for the 3rd grade civil official
Guangxu period
Robe length: 147.5cm
Cuff to cuff: 200cm
Hemline: 110cm
Qing Court collection

官衣形制如前,前后胸缀绿素缎方补,上平金绣孔雀纹,孔雀飞翔,作望日状。四周满饰流云、暗八仙及佛教八宝纹。

按清代官服定制,孔雀纹方补代表文三品官职。

14

红缎缀纳绣云雁纹方补男官衣——文四品
清光绪
身长150.2厘米 两袖通长195厘米 下摆宽109厘米
清宫旧藏

Male robe of red satin with multicolored square patches embroidered with wild goose for the 4th grade civil official
Guangxu period
Robe length: 150.2cm
Cuff to cuff: 195cm
Hemline: 109cm
Qing Court collection

官衣形制如前，缀白素布水袖，衬月白素布里。于前后胸缀方补各一，上纳绣云雁纹，正中为云雁望日，其周为云纹，下幅为海水江崖纹。领内墨书"长"字。

此官衣方补用色有黄、青、蓝、月白、白、墨绿、绿、水绿等，色彩丰富，对比鲜明。云雁纹为四品文官的标志。

15

红缎缀绣平金白鹇纹方补男官衣——文五品
清光绪
身长144厘米 两袖通长205厘米 下摆宽109厘米
清宫旧藏

Male robe of red satin with black square patches embroidered with gold and silver thread pheasant for the 5th grade civil official
Guangxu period
Robe length: 144cm
Cuff to cuff: 205cm
Hemline: 109cm
Qing Court collection

官衣形制如前，缀湖色绸水袖，衬黄素布里。腋下钉红缎质玉带襻二。其领口及右腋下各有红缎系带二条。前胸、后背缀青缎方补，上以方棋十字花为地，平金绣白鹇、如意云、"卍"字、灵芝、海水江崖纹。

此衣方补刺绣针法有平金、平银两种，其图案为五品文官的标志。

16

红缎缀绣平金鹭鸶纹方补男官衣——文六品
清光绪
身长142.5厘米 两袖通长203厘米 下摆宽108厘米
清宫旧藏

Male official robe of red satin with square patches embroidered with gold thread egret for the 6th grade civil official
Guangxu period
Robe length: 142.5cm
Cuff to cuff: 203cm
Hemline: 108cm
Qing Court collection

官衣形制如前，缀湖色绸水袖，衬土黄素布里。领口及右腋下钉红缎系带各二条及玉带袢左右各一。前胸、后背缀平金鹭鸶海水江崖云纹方补，上以方棋朵花纹为地，饰鹭鸶、云纹、犀角、蝠纹，左上为日纹，下为海水江崖纹。方补以平金回纹缘边。

此衣方补用金有赤金、黄金之分，除平金外，还采用平银工艺，以显出图案不同层次。其方补纹图案为六品文官标志。

17

蓝缎缀绣平金鸂鶒纹方补男官衣——文七品
清光绪
身长146厘米　两袖通长207.6厘米　下摆宽129.5厘米
清宫旧藏

Male robe of blue satin with black square patches embroidered with gold thread mandarin duck for the 7th grade civil official
Guangxu period
Robe length: 146cm
Cuff to cuff: 207.6cm
Hemline: 129.5cm
Qing Court collection

官衣形制如前，缀月白绸水袖，衬粉红色麻布里。前后身缀黑缎平金绣鸂鶒纹方补各一，鸂鶒独立于湖石上望日，周围点缀云蝠、暗八仙、八宝、水仙、牡丹等纹样，下幅为海水江崖。方补边框间饰银线绣朵花和金线绣勾藤纹。

此衣方补纹图案为七品文官标志，扮演县令者，一般穿此类官衣。

18

红缎缀绣平金鹌鹑纹方补男官衣——文八品
清宣统
身长143厘米　两袖通长142.6厘米　下摆宽86.6厘米
清宫旧藏

Male robe of red satin with black square patches embroidered with gold thread quail for the 8th grade civil official
Xuantong period
Robe length: 143cm
Cuff to cuff: 142.6cm
Hemline: 86.6cm
Qing Court collection

官衣形制如前，缀白布水袖，衬月白布里。方补以黑缎为地，运用平金针法绣鹌鹑纹，缀于官衣的前胸后背，鹌鹑立于湖石上望日，间饰云纹及盘长，下为海水。方补边框为回纹间饰朵云纹。

此种方补纹饰，按清代官服制，定为文八品官员服用。

19

香色缎缀绣平金银练雀纹方补男官衣——文九品

清光绪
身长148厘米　两袖通长212厘米
下摆宽127厘米
清宫旧藏

Male robe of tan satin with black square patches embroidered with gold-silver thread flycatcher for the 9th grade civil official
Guangxu period
Robe length: 148cm
Cuff to cuff: 212cm
Hemline: 127cm
Qing Court collection

官衣形制如前，缀湖色绸水袖，粉红色麻布衬里。前后身缀黑素缎方补各一，上以平金、平银工艺绣练雀、旭日海水。海中山石上，一练雀迎着旭日振翅欲飞，海中浮有火珠、盘长及杂宝，祥云间饰暗八仙纹。领口内里钤"钟斯衍庆"墨印。"钟斯衍庆"即"螽斯衍庆"，为清宫戏曲名称，多在后妃千秋节时演出。

此衣方补采用赤圆金、淡圆金和银线三种绣线，呈现出深浅不同的色泽效果。虽仍采用平金针法，但三色绣线的合理搭配，使得图案效果富于变化。其旭日用珊瑚磨制的小米珠盘绕钉缀而成，这种奢侈的做法，在戏衣中极为少见。其方补纹图案为九品文官标志。

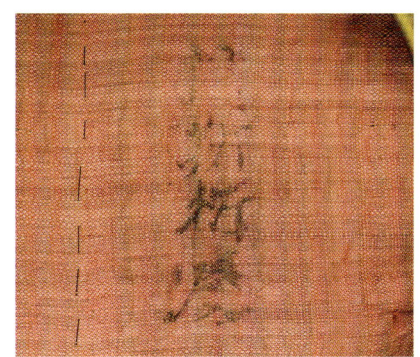

20

蓝缎缀绣平金锦鸡纹方补女官衣——文二品
清光绪
身长119厘米 两袖通长182厘米 下摆宽93.5厘米
方补纵28.5厘米 横30厘米
清宫旧藏

Female garment of blue satin with black square patches embroidered with gold thread pheasant for the 2nd grade civil official
Guangxu period
Garment length: 119cm
Cuff to cuff: 182cm
Hemline: 93.5cm
Square patch length: 28.5cm
Square patch width: 30cm
Qing Court collection

圆领，大襟右衽，阔袖宽身，缀月白绸水袖，衬黄色麻布里。领及腋下钉素缎带各两条。前后身缀黑色素缎方补各一，上以平金针法绣一展翅锦鸡。方补边框饰回纹。

此官衣为戏剧中扮演文二品女官服用，亦多用于诰命夫人等角色。其形制与男官衣相比略有区别，穿用时与裙配套。

21

酱色缎缀平金银练雀纹方补女官衣——文九品
清光绪
身长117厘米 两袖通长188.6厘米 下摆宽100厘米
清宫旧藏

Female garment of dark reddish brown satin with black square patches embroidered with gold-silver thread flycatcher for the 9th grade civil official
Guangxu period
Garment length: 117cm
Cuff to cuff: 188.6cm
Hemline: 100cm
Qing Court collection

此衣形制如前，缀湖色素绸水袖，粉红色麻布衬里。前后身缀练雀纹方补各一。方补黑素缎地，上绣练雀迎日展翅鸣叫，下为海水、盘长、法轮、花、鱼等八宝纹。突兀山石上，满布流云，云中葫芦、荷花、花篮、箫、玉板、剑、鱼鼓、扇组成暗八仙纹。领口内钤"钟斯衍庆"墨印。

方补采用平金针法，以赤圆金、淡圆金、银线来表现纹样，增加其深浅明暗的层次变化。酱色、古铜色、秋香色的女官衣在服色上相近，多用于老旦类角色，如京剧《樊江关》中的柳迎春、《四郎探母》中的佘太君等。

22

红青妆花纱缀雉鸡纹方补褂——文二品
清乾隆
身长109厘米　两袖通长146厘米　下摆宽97厘米
清宫旧藏

Short gown of reddish blue gauze with square patches embroidered with gold and colored thread pheasant for the 2nd grade civil official
Qianlong period
Gown length: 109cm
Cuff to cuff: 146cm
Hemline: 97cm
Qing Court collection

圆领，对襟，直袖，衣长及膝，其衣襟钉铜镀金錾花扣袢四对，裾左右开。前胸、后背钉缀方补，上织金妆花雉鸡、红日、云、海水江崖纹。纹样俱缘金。

褂是清代官员套在吉服外面的礼服，其制比袍略短，并缀有"补子"，故名补褂。清代戏装则完全借用了这种用法，剧中所饰文武百官，皆在蟒袍外罩补褂。

23

天青缎缂绣虎纹方补褂——武四品
清嘉庆
身长118厘米　两袖通长159厘米　下摆宽92厘米
清宫旧藏

Short gown of sky blue satin with square patches embroidered with tiger for the 4th grade military official
Jiaqing period
Gown length: 118cm
Cuff to cuff: 159cm
Hemline: 92cm
Qing Court collection

武官服饰的补子多绣以走兽，此褂绣猛虎，标志其为武四品。从印记可知，此褂曾为清代演出机构"南府外头学"所有，并在绮春园内"含淳堂"承应戏差时所用。

圆领，对襟，直袖，衣长及膝，自领口排五道铜纽扣袢，裾左右开。白暗花绸衬里。身前后各缀方补，上绣一斑斓猛虎，伏立于青石上。天空红日高悬，祥云间红蝠飞舞。下为海水，波涌中显现犀角、珠等杂宝纹。左右立有突兀寿石，石上生长万寿菊、灵芝和水仙。方补平金回纹圈边。领口内里墨印"南府外头学含淳堂"并墨书"天青缎补褂"。

24

桃红缎缀绣平金鲤鱼跃龙门纹方补学士衣
清光绪
身长150厘米 两袖通长210厘米
下摆宽137厘米
清宫旧藏

Scholar's robe of peach red satin with round corner square patches embroidered with gold thread carp leaping over the Dragon Gate
Guangxu period
Robe length: 150cm
Cuff to cuff: 210cm
Hemline: 137cm
Qing Court collection

圆领，大襟右衽，宽身阔袖，袖口缀月白素绸水袖，身长及足。身前后缀平金绣鲤鱼跃龙门圆角方补，并以回纹圈边。方补之上饰以形如玉带的黑缎曲带，另用一定厚度的纸壳做胎，外覆白缎，上饰平金花纹，犹如玉片钉缀其上。衣袖周身以品蓝色缎缘饰，另用极细明黄色缎边做衣料与缘饰的分界，缘边上平金绣以飞鹤流云纹。

学士衣样式如官衣，但衣、袖却为曲边。原属于官衣系列，一般为戏曲中文人雅士、功名未就的读书人所穿用。为了突出这一点，特选民间传说"鲤鱼跃龙门"做方补图案，以寄托士人祈盼通过科举得中而平步青云的美好愿望。

25

湖绿缎绣菊花纹宫衣
清乾隆
身长131厘米 两袖通长196厘米
袖口宽32厘米
清宫旧藏

Female palace garment of light green satin embroidered with chrysanthemums
Qianlong period
Garment length: 131cm
Cuff to cuff: 196cm
Cuff width: 32cm
Qing Court collection

长方领口，对襟，钉铜镀金扣袢一对，阔袖，袖口镶水粉地锦团龙纹宽边一道。缂丝云肩，呈如意云头状，上饰双蝶组成的"喜相逢"图案和缠枝牡丹纹。上衣下裳相连，上衣为湖色缎绣缠枝菊花纹，下衬月白绫绘花卉蝶纹裙，衣裙一体。腰际以下缀钉绫、罗、绸、缎等质料绣花卉飘带。

宫衣亦称"宫装"，是戏曲中皇妃、公主等角色的礼服，大多为年轻活泼的旦角服用。据清宫《穿戴题纲》记载，此件宫衣为《贵妃醉酒》中杨贵妃穿用。

26

粉缎绣绣球纹宫衣
清乾隆
身长126厘米 两袖通长198.5厘米
袖口宽33厘米
清宫旧藏

Female palace garment of pink satin with embroidered ball patterns
Qianlong period
Garment length: 126cm
Cuff to cuff: 198.5cm
Cuff width: 33cm
Qing Court collection

长方领口，对襟，至腰间向右偏衩开襟，直贯下裳，阔袖，衣长过膝，上衣下裳相连。领口以石青缎镶边，上水粉彩画蝴蝶和花卉，两袖左右绣以串枝绣球花纹。缂丝云肩呈如意云头状，上饰两两相对蝴蝶组成的"喜相逢"图纹。下裳外短内长，两层裙身虽同用缎料，但制作方法却有所区别。外裙将绿缎裁剪成条，条与条间以薄红绸相连，形成百褶效果，绿缎上彩绣花卉和蝴蝶。内裙则用本料熨烫出百褶，在裙下部工笔彩画花卉和蝴蝶，画工极精。腰间所垂飘带，或长或短，工艺或缂或绣，纹样多围绕凤和牡丹。

此宫衣配色淡素调和，风格清新雅致，工艺缂、绣、画相结合，制作极为繁复。堪称戏曲服装的精品。

因宫衣雍容华丽，最宜表现女性典雅婀娜姿态，所以多为皇妃、公主燕居场合的常服，后被泛用于某些郡主、大家闺秀。如京剧《断密涧》的河阳公主，《三击掌》的王宝钏及《状元媒》中的柴郡主等。同时宫衣还为仙界女性所用。清代宫中节令戏，凡有仙女，均穿着宫衣，如上元节《敛福锡民》中雪、霜、云、露四仙女，燕九节令《圣母巡行》仙女的装扮，均头戴魔女发，身穿宫衣。

27

绿缎绣八团云蝠花卉纹宫衣
清乾隆
身长139厘米 两袖通长224.5厘米
下摆宽108.2厘米
清宫旧藏

Female palace garment of green satin embroidered with flowers and 8 medallions of clouds and bats
Qianlong period
Garment length: 139cm
Cuff to cuff: 224.5cm
Hemline: 108.2cm
Qing Court collection

大领，斜襟右衽，阔袖，腰身略窄，衣长及足，内衬粉色素绸里。领口及右腋下有绿缎系带二条。领、襟及两袖口镶青缎绣五彩云纹边，下摆处镶青缎绣团菊纹边。腰间接雪灰缎起褶腰裙，腰裙上端束以月白缎绣夔龙缠枝菊纹带，下缀红缎绣缠枝牡丹、夔凤及云蝠纹镶青缎平金回纹边如意头形飘带。

此宫衣前胸、后背、两肩、两袖前后绣海水江崖云蝠纹八团。腰裙上为蝠、磬、桃实、海水等图纹。下裳绣海水江崖云蝠桃实纹，海水上浮以如意、宝珠、珊瑚、古钱、经卷、吉磬等杂宝纹样。整体有"福庆"、"长寿"等吉祥寓意。用色丰富，装饰华美，制作精良，是清中期宫廷戏衣的典范之作。

28

黄绫彩绘花蝶纹宫衣
清乾隆
身长139厘米　两袖通长216厘米
下摆宽31.5厘米
清宫旧藏

Female palace garment of yellow silk with painted graphics of flowers and butterflies
Qianlong period
Garment length: 139cm
Cuff to cuff: 216cm
Hemline: 31.5cm
Qing Court collection

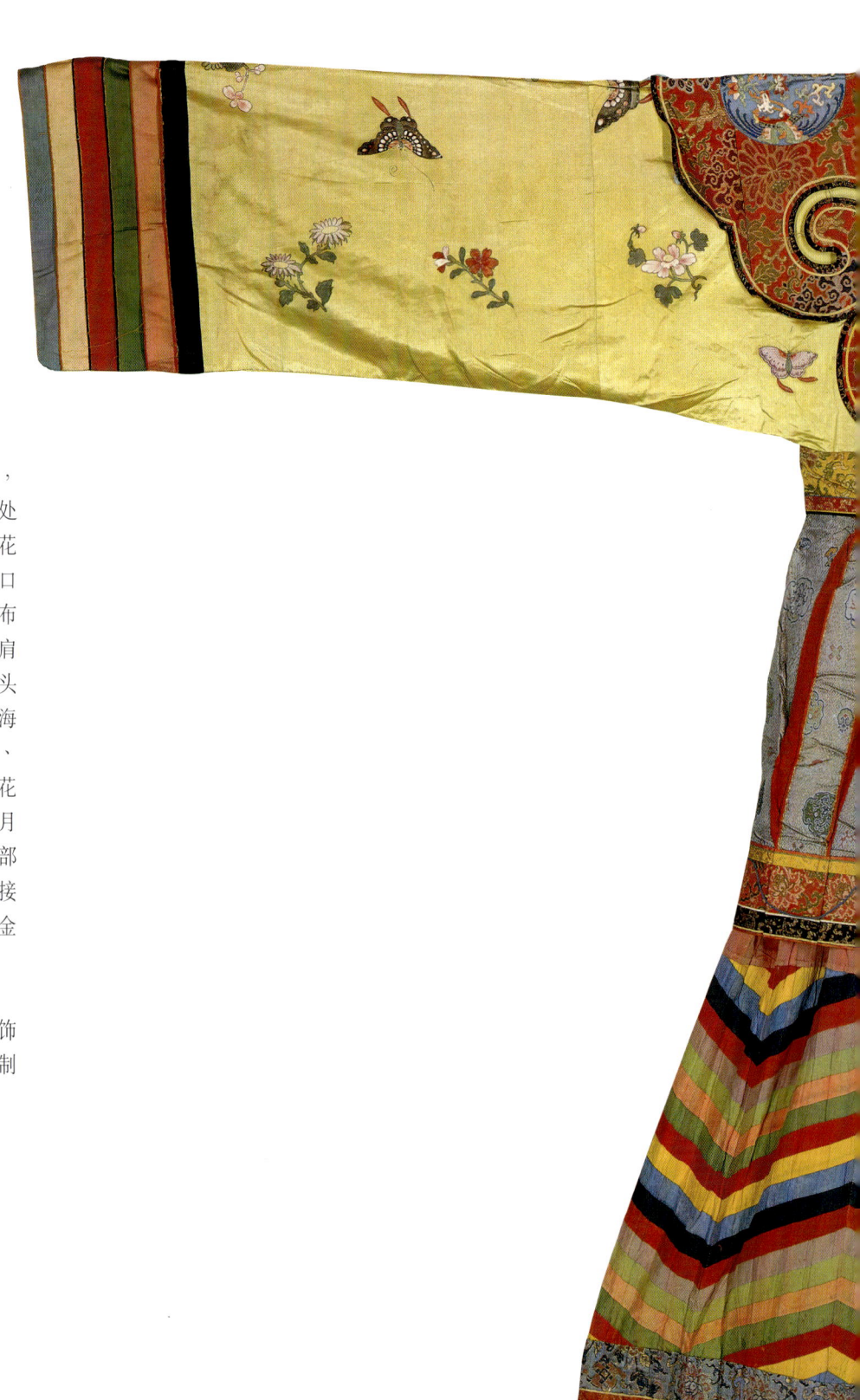

长方领口，对襟，阔袖，腰身略窄，衣长及足，内衬粉色素绸里。领口处有四合如意形云肩，饰缠枝牡丹莲花纹，两袖口镶各色缎条状边。其领口钉红缎铜扣袢二对，衣襟处钉土黄布扣袢一对及红缎系带二条。从左右肩对称下垂白绫缀青绸折枝花纹如意头飘带。上衣彩绘花蝶纹，有牡丹、海棠、兰花、荷花、月季、灵芝、菊、桃、石竹等四季花卉，两袖后为团花纹各一。下裳上部为红素缎，覆以月白地平金"卍"字团花纹锦褶裙。下部为拼各色长条波纹绸。上衣下裳相接处束以黄地折枝牡丹纹锦带，缀平金绣海水江崖及龙凤纹飘带。

整件宫衣造型复杂，用料讲究，装饰豪华，做工精良，体现了清宫戏衣制作不惜工本的特点。

35

帔、衫、褶子（Informal Dresses, Unlined Upper Garments and Lined Garments）

29

黄地纳纱绣花蝶纹男帔
清康熙
身长130厘米　两袖通长236.5厘米
下摆宽103厘米
清宫旧藏

Male informal dress of yellow petit-point gauze embroidered with flowers, leaves and butterflies
Kangxi period
Dress length: 130cm
Cuff to cuff: 236.5cm
Hemline: 103cm
Qing Court collection

直领，对襟，阔袖，裾左右开，衣长及足。内衬绿暗花绸里。其领镶纳纱方棋斜纹边，于纳纱边上又镶白暗花纱边。通体于纱地上纳绣花纹，其地为方棋朵花纹，前胸、两肩、两袖及下幅纳花叶及蝴蝶纹，后背为三蝶组成的"喜相逢"纹样，三蝶围成如意形。领内墨印"大戏记用"、"如意"、"同春"、"仁和"、"长春"等。

此帔用色丰富，形制规整，做工精湛，体现了清宫戏衣豪华与不惜工本之特色。

帔是模仿明代褶子，经美化而成的戏曲服装。有男帔、女帔之分，男帔长及足，女帔稍短。是剧中扮演帝王将相、官吏豪绅及其眷属家居便服。常以颜色来区分穿者年龄和身份，颜色鲜艳的，多为青年或豪门公子穿用。

30

香色暗花纱绣平金灯笼蝴蝶纹男帔
清康熙
身长130厘米　两袖通长236.5厘米
下摆宽103厘米
清宫旧藏

Male informal dress of tan veiled gauze embroidered with gold lanterns, flowers and butterflies
Kangxi period
Dress length: 130cm
Cuff to cuff: 236.5cm
Hemline: 103cm
Qing Court collection

男帔形制同前，衬月白暗衣纱里。通体平金绣灯笼纹十二。前后身为龙首莲花盖长寿八角形灯笼各一；两肩为凤首莲花盖团寿圆形灯笼各一；两袖前为凤首莲花盖灵芝圆形灯笼各一；两袖后为凤首莲花盖六角形灯笼各一；下摆前后为勾藤莲花盖葫芦形灯笼各二，折枝花蝶纹点缀其间。

此帔绣工针脚平齐，有金碧辉煌的效果，在戏衣中实属少见。明清两代，平金绣在北京、苏州最为盛行。以灯笼纹做图案，宋代就已出现，寓"五谷丰登"等意。清宫内节令承应戏，上元节演《万花向荣》、《紫姑占福》、《御苑献瑞》等剧目时，演员多穿此帔，以示吉祥。

31

红地锦团夔龙寿字蔓草纹男帔
清乾隆
身长134厘米　两袖通长212厘米
下摆宽110厘米
清宫旧藏

Male informal dress of red brocade with Kui-dragons, "Shou" and entwining vines
Qianlong period
Dress length: 134cm
Cuff to cuff: 212cm
Hemline: 110cm
Qing Court collection

男帔形制同前，绿色暗花绸衬里。胸前钉缎带两条，托白素绫领。通体织蔓草与团"寿"字组成龟背骨架式，内填四合夔龙纹。每两排为一循环单位。上下交错，组成四方连续纹样。

此帔面料为织锦，系苏州织造局贡品，乾隆年间缝制成衣。织造精致，设色有深蓝、月白、墨绿、草绿、红、粉红等，并用扁金勾边。至今仍艳丽如新，在清宫所藏戏衣中极为少见。其颜色及款式，为晚清乱弹戏《奇双会》中的赵宠穿用。

32

白妆花缎彩云金龙海水纹女帔
清乾隆
身长118.5厘米　两袖通长221.5厘米
下摆宽104厘米
清宫旧藏

Female informal dress of white satin with clouds, gold dragons and seawater
Qianlong period
Dress length: 118.5cm
Cuff to cuff: 221.5cm
Hemline: 104cm
Qing Court collection

女帔形制同男帔而略短，衣长及膝。衬粉红色云纹暗花纱里。胸前缀白缎带两条、胸前两侧织升龙各一，两肩升龙各一，背后为正龙一，下幅海水江崖纹，间饰杂宝纹。

此帔面料为清初江宁织造局贡品，乾隆年间成衣。设色有红、黄、宝蓝、月白、黑、墨绿等二十余色，织造精工，设色瑰丽。在据《三国演义》改编的清宫连台大戏《鼎峙春秋》及乱弹单本戏《别宫祭江》中孙尚香即穿白帔。

33

青妆花缎百蝶纹女帔

清康熙
身长113.5厘米　两袖通长229.5厘米
下摆宽109厘米
清宫旧藏

Female informal dress of black satin with numerous butterflies

Kangxi period
Dress length: 113.5cm
Cuff to cuff: 229.5cm
Hemline: 109cm
Qing Court collection

女帔形制同前，衬湖绿云纹绫里。胸前钉黑素缎带两条。通体织蝴蝶及折枝牡丹、海棠、石榴花、桃花、万寿菊、罂粟花等花卉十余种。

此帔用料为康熙年间苏州织造局之贡品，成衣于乾隆年间，设色与纹样选配精美，在戏衣面料中实属罕见，堪称妆花织物之珍品。此类女帔一般为戏剧扮相中老旦穿用，如《宇宙锋》之赵艳容、《贺后骂殿》之贺后等。

34

月白绫绣云鹤团花纹女帔
清乾隆
身长116厘米 两袖通长206厘米
下摆宽96厘米
清宫旧藏

Female informal dress of bluish white thin silk embroidered with clouds, cranes and floral medallions
Qianlong period
Dress length: 116cm
Cuff to cuff: 206cm
Hemline: 96cm
Qing Court collection

女帔形制同前,内衬粉红素绸里。领口镶白绫边,钉月白绫系带二条。通体彩绣蝠磬、如意、菊花和海水江崖组成的团花纹,共十二团。团纹四周满绣云鹤及扇子、宝剑、铜钱等杂宝纹。所有纹样左右对称,并有"福庆"、"贺寿"、"如意"等吉祥寓意。领内里墨书"大戏"二字。

此帔用色丰富,计有红、粉、青、白、雪灰、蓝、月白、绿、黄、香等色,润色自然。采用多种刺绣工艺,其丝线劈绒匀细,绣工精致。形制规整,纹饰清雅大方,是清中期宫廷戏衣的代表作。

35

蓝缎绣平金松鹤纹老旦帔
清乾隆
身长122厘米 两袖通长219.5厘米
下摆宽103厘米
清宫旧藏

Old female role informal dress of blue satin embroidered with gold pines and cranes
Qianlong period
Dress length: 122cm
Cuff to cuff: 219.5cm
Hemline: 103cm
Qing Court collection

女帔形制同前,衬白素绸里。镶白缎领,胸前钉蓝缎带两条,通体绣松鹤纹,一株挺拔的松树贯穿全身,枝干上有仙鹤伫立,树旁一仙鹤回首展翅,四周衬以兰花、月季、竹枝及湖石等纹饰。有"松鹤延年"之吉祥寓意。

此帔图纹采用双圆金与孔雀羽线绣成,纹样构图疏朗有致,富有浓厚的装饰性,呈现出金翠交辉的效果。蓝色帔多为戏曲中老年贵妇之便服。

36

蓝缎绣平金夔龙蝠寿花蝶纹男帔
蓝缎绣平金夔龙蝠寿花蝶纹女帔
清光绪
男帔身长147厘米　两袖通长186.5厘米　下摆宽103厘米
女帔身长121厘米　两袖通长186.5厘米　下摆宽94厘米
清宫旧藏

Male and female blue satin informal dresses embroidered with gold Kui-dragons, bats, peaches, flowers and butterflies
Guangxu period
Dress length: 147cm(male)　　121cm(female)
Cuff to cuff: 186.5cm(male and female)
Hemline: 103cm(male)　　94cm(female)
Qing Court collection

两帔形制、纹样相同，缀月白色水袖。男帔长及足，女帔仅过膝。镶白缎领，上绣缠枝莲纹。通体彩绣十团花纹，内为蝙蝠寿桃，外围以夔龙。周围点缀平金团寿、花卉、蝴蝶纹样。有"福寿"之吉祥意。

此帔两件一套，用料、花色相同，称对帔。为戏曲中扮夫妇时所穿用。其纹样具有升平署时期戏装的典型风格。

37

米黄绸绣折枝花蝶纹闺门帔
清乾隆
身长116.5厘米　两袖通长209.5厘米
下摆宽94.5厘米
清宫旧藏

Female informal dress of buff silk embroidered with floral sprays and butterflies
Qianlong period
Dress length: 116.5cm
Cuff to cuff: 209.5cm
Hemline: 94.5cm
Qing Court collection

闺门帔形制同女帔，但用立领。衬白素绸里。胸前钉绸带两条。通体以各色绒线，采用多种针法对称绣水仙、玉兰、荷花、石榴花、菊花等折枝花卉，并有蝴蝶点缀其间。

闺门帔又称女花帔，系独处深闺、尚未出阁的大家闺秀之便服，有红、粉、月白、湖、白等多种色彩。此帔是苏州织造局进贡之上乘佳作，构图丰满，色彩淡雅，衬托出青春少女的天真活泼。据清宫《穿戴题纲》记载，昆曲《游园惊梦》中杜丽娘即穿此帔。

38

粉色绸绣折枝花蝶纹闺门帔
清乾隆
身长117.8厘米 两袖通长215.5厘米
下摆宽87厘米
清宫旧藏

Female informal dress of pink silk embroidered with floral sprays and butterflies
Qianlong period
Dress length: 117.8cm
Cuff to cuff: 215.5cm
Hemline: 87cm
Qing Court collection

立领，对襟，阔袖，裾左右开。衬白色素绸里。胸前钉粉色素绸带两条。通体用各色绒线，以套针、缠针、打籽针、滚针等多种针法，绣水仙、玉兰、桃花、荷花、石榴花、菊花、茶花等折枝花卉，彩蝶点缀其间。

此帔为乾隆年间苏州织造局上乘面料所制。绣工精湛，针脚齐整，配色艳丽，润色自如。据清宫《穿戴题纲》记载，昆曲《西厢记》中，崔莺莺即穿此帔。

39

绿绸绣折枝花蝶纹女衫
清光绪
身长118厘米 两袖通长176厘米
下摆宽97厘米
清宫旧藏

Unlined upper garment of green silk embroidered with floral sprays and butterflies
Guangxu period
Garment length: 118cm
Cuff to cuff: 176cm
Hemline: 97cm
Qing Court collection

立领，对襟，阔袖，缀湖色绸水袖，左右开裾，衣长过胯。桃红色素绸衬里。领口下钉铜纽扣袢一对，胸前有绸带一对。通体绣折枝梅、竹、兰和蝴蝶纹。采用散点构图，纹样布局疏朗。绣线颜色多用藕荷、品蓝、白，所绣纹样金线圈边。在绿绸地衬托下，图案颜色鲜明绚丽。

女衫为平民女性的便服，是花旦、彩旦最常用的服装，简称衫子。清宫浴佛节（即每年四月初八释迦牟尼诞辰）承应戏《长沙求子》中妇人、昆腔杂戏《折梅》中小姐、弋腔《拷打红娘》中红娘等皆穿此类衫子。

40

月白纱绣花蝶纹褶子
清乾隆
身长136厘米　两袖通长109.5厘米
下摆宽90厘米
清宫旧藏

Man's lined garment of bluish white gauze embroidered with flowers and butterflies
Qianlong period
Garment length: 136cm
Cuff to cuff: 109.5cm
Hemline: 90cm
Qing Court collection

大领，镶白素绸托领，斜襟右衽，阔袖宽身，裾左右开。衬白素布里。通身绣折枝梅花、水仙、兰花、牡丹、荷花、石榴花、菊花、芙蓉、秋葵花等花卉纹，四周点缀蝴蝶纹。

此衣用十余色丝线，以套针、缠针、打籽针、接针、松针、戗针等针法绣制而成。绣工精细，设色艳丽典雅，为苏州织造之珍品。据清宫南府剧本记载，单本戏《西厢记·佳期》中张生即穿用此褶子。

褶子，又称"道袍"，源于明代斜领大袖衫，不论文武、贵贱、贫富、老幼、男女均可服用。男褶子从颜色区分，上五色（红、绿、黄、白、黑）多为花花公子、恶少所穿，丑行谋士亦可穿用。下五色（紫、粉红、蓝、湖、香）则多为英雄、侠客、义士所用，小生褶子的颜色则更加广泛。

41

粉色暗花纱绣花蝶纹褶子
清乾隆
身长134厘米 两袖通长248.5厘米
下摆宽115.5厘米
清宫旧藏

Lined garment of pink veiled gauze
embroidered with flowers and butterflies
Qianlong period
Garment length: 134cm
Cuff to cuff: 248.5cm
Hemline: 115.5cm
Qing Court collection

大领，镶白暗花纱托领，斜襟右衽，阔袖宽身，裾左右开。衬绿色素绸里。通身绣水仙、梅花、桃花、牡丹、荷花、菊花、海棠、茶花等折枝花卉纹。蝴蝶及小型朵花纹点缀其间，画面花卉整枝与散点相结合，布局匀称，绣工精致，设色淡雅明快。

此褶子面料为苏州织造局绣制的贡品，乾隆年间缝制，为戏衣绣品之上乘。系清宫昆腔单本戏《蒋干盗书》中周瑜所服用。

42

绿缎绣折枝花蝶纹褶子
清道光
身长137厘米 两袖通长220厘米
下摆宽118厘米
清宫旧藏

Man's lined garment of green satin embroidered with floral sprays and butterflies
Daoguang period
Garment length: 137cm
Cuff to cuff: 220cm
Hemline: 118cm
Qing Court collection

大领，镶白缎绣三蓝牡丹蝠纹领托，斜襟右衽，阔袖宽身，缀白布水袖，裾左右开。衬粉红素绸里。腋下钉绿缎带两条，通身以各色绒线，运用多种针法绣牡丹、玉兰、荷花、水仙、石榴花、月季、桂花、菊花等二十余种折枝花卉纹，彩蝶点缀其间。

此衣针脚匀齐，设色艳丽。绿色绣花褶子一般用于文吏，如昆腔单本戏《蒋干盗书》中蒋干之服用。

43

湖色绸彩绣平金花鸟蝶纹褶子
清道光
身长134.5厘米　两袖通长182厘米
下摆宽99厘米
清宫旧藏

Lined garment of light green silk embroidered with colored and gold design of flowers, birds and butterflies
Daoguang period
Garment length: 134.5cm
Cuff to cuff: 182cm
Hemline: 99cm
Qing Court collection

形制如前，缀白素绸水袖。衬白色麻布里。领及衣边缘白黑边饰，所绣纹样同为缠枝牡丹，但用线却略有区别。领边以彩绣为主，平金为辅，衣边则全部平金。衣身散布折枝梅花和竹叶，花叶间彩绣飞鸟和蝴蝶纹。

此衣采用金彩相交的绣法，绣线晕色自如，加之花与叶用金线圈边，显得既调和而又层次分明。平金绣的梅枝穿插在花间，尤显刚柔相济。绣有飞蝶或飞鸟的褶子多为武生所用，在武丑服用时，暗示穿者武功高超，身轻如燕。

44

玫瑰紫绸绣平金花蝶纹褶子
清光绪
身长145厘米　两袖通长204厘米
下摆宽102厘米
清宫旧藏

Lined garment of rose purple silk embroidered with flowers and butterflies done with gold thread
Guangxu period
Garment length: 145cm
Cuff to cuff: 204cm
Hemline: 102cm
Qing Court collection

形制如前，镶白绫绣缠枝牡丹纹领托，衬白素布里。右腋下有玫瑰紫暗花绸系带二条，其领口边、大襟、衣身两侧及前后下摆镶青缎平金缠枝牡丹纹边。通身绣梅花、桃花、菊花及兰花等折枝花卉纹，点缀以蝴蝶。图纹左右对称，俱缘金，又于纹间遍钉小金片。

45

品月暗花绸绣平金折枝花纹女褶
清光绪
身长118厘米 两袖通长177厘米
下摆宽102厘米
清宫旧藏

Unlined upper garment of pale blue silk embroidered with floral sprays done with gold thread
Guangxu period
Garment length: 118cm
Cuff to cuff: 177cm
Hemline: 102cm
Qing Court collection

立领，对襟，阔袖，裾左右开，身长至膝。内衬红素绸里。前腰钉系带二对。通身平金绣菊花、梅花、牡丹、海棠、玉兰等折枝花卉纹，间饰平金绣球状花纹。后领内里红签墨书"加重翠月洋绸绣女褶"，其左襟里钤墨印"杜记"。

靠、铠、开氅、打衣等（Armours and Informal Dresses Worn by the Military Officer）

46

红缎绣平金"卍"字地二龙戏珠牡丹纹男靠
清光绪
身长145厘米　两袖通长178厘米
下摆宽82厘米
清宫旧藏

Male military officer's armour of red satin embroidered with peony and two dragons playing with a pearl over a swastika done with gold thread
Guangxu period
Armour length: 145cm
Cuff to cuff: 178cm
Hemline: 82cm
Qing Court collection

圆领，窄袖，腋下有护腋，上衣下裳连缀，分前后片，仅肩部相连，小袖处缝合。靠周身以平金"卍"字地来表现金属甲片，胸甲、护肩、裳甲、吊鱼等各部位以蓝白绦边和平金回纹缘饰，沿边钉火焰纹和金属饰片。靠肚凸起平金绣双龙戏珠、海水江崖纹。裳甲和两袖均绣牡丹纹。穿时配靠领，束下甲，扎背壶，内插四面靠旗。靠旗绣四爪蟒纹，杆端宝塔顶涂银粉束丝穗，另钉白绫飘带。

靠后插旗，称硬靠，是戏曲戎服的最高等级。此靠特设计身中三箭的装置：在靠肚内置三根空心竹管，藏三枝带羽竹箭，箭镞系以拉线。胸甲夹层内水平置三个铜制圆盒，上有孔，孔径略大于箭径，且盒有一定厚度，以利箭插入后的稳定。竹箭所连三根拉线，各穿入盒孔，归于一束，在靠肚右上侧留出拽头，演出时，根据剧情需要而牵动拉线，从而形成连中三箭的舞台效果。

由特殊的中箭装置可知，此靠专为昆曲杂戏《别母乱箭》中周遇吉所用。周遇吉为明朝代州守将，闯王李自成起义，代州失守，他突围回宁武关探母。周走后，其母责媳、孙自杀，并自焚，以断后忧。周遇吉奋战中乱箭伤身，自刎身亡。

47

绿缎绣平金环钱地二龙戏珠双喜纹男靠

清光绪
身长147厘米　两袖通长176厘米
下摆宽80厘米
清宫旧藏

Male military officer's armour of green satin embroidered with two dragons playing with a pearl and double happiness over a gold coin pattern
Guangxu period
Armour length: 147cm
Cuff to cuff: 176cm
Hemline: 80cm
Qing Court collection

圆领，窄袖，上衣下裳相连，分前后片，由靠身、护肩、靠肚、吊鱼、后斗等多部件组成。胸甲、护肩、吊鱼等部位，以平金环钱纹来表现金属甲片的质感，两袖绣以串枝牡丹和双喜字，至肩部则用伞、盖等八宝纹为饰。靠肚绣二龙戏珠纹，下方钉双喜字。裳甲饰以蝠衔绶带、"卍"字和牡丹、玉兰、海棠纹。靠身缘边和重要部位钉金属圆片。穿时配靠领，束下甲，扎背壶，内插四面绿缎蟒纹靠旗。杆端宝塔顶涂银粉束丝穗，另钉白绫飘带。

靠又称"扎甲"，是戏中武职将帅通用的高等级戎服。在京剧中，穿绿靠者多红勾脸谱，如《取洛阳》中的吴汉等。

48

黄缎绣平金锁子地二龙戏珠牡丹纹男靠

清光绪
身长145厘米　两袖通长174厘米
下摆宽77.5厘米
清宫旧藏

Male military officer's armour of yellow satin embroidered with peony and two dragons playing with a pearl over a gold lock pattern

Guangxu period
Armour length: 145cm
Cuff to cuff: 174cm
Hemline: 77.5cm
Qing Court collection

形制如前，靠内垫薄丝绵，衬粉色素布里。靠肚平金绣二龙戏珠纹，通身装饰平金锁子纹，并用两道绿线并排钉成。胸甲与吊鱼正中各钉铁质护镜三片。穿时配靠领，束下甲，扎背壶，内插四面黄缎蟒纹靠旗。

49

白缎绣平金网纹地二龙戏珠牡丹纹男靠

清光绪
身长140.5厘米 两袖通长168厘米
下摆宽74.5厘米
清宫旧藏

Male military officer's armour of white satin embroidered with two dragons playing with a pearl over a gold net pattern
Guangxu period
Armour length: 140.5cm
Cuff to cuff: 168cm
Hemline: 74.5cm
Qing Court collection

形制如前,衬粉红布里。周身用各色绒线、金线绣纹,胸部及两肩绣网纹,钉护镜三片。靠肚绣二龙戏珠纹,下钉缀吊鱼。靠腿绣网纹,彩绣蝠桃、荷花等纹,钉红暗花绸飘带。穿时配靠领,束下甲,扎背壶,内插四面白缎蟒纹靠旗。

靠之颜色亦有上五色、下五色之别,依脸谱穿用不同颜色之靠。白靠为乱弹单本戏《长阪坡》中赵云服用。

50

青缎绣平金云狮双喜纹男靠
清光绪
身长140厘米 两袖通长172厘米
下摆宽47厘米
清宫旧藏

Male military officer's armour of black satin embroidered with gold double happiness, cloud and lion
Guangxu period
Armour length: 140cm
Cuff to cuff: 172cm
Hemline: 47cm
Qing Court collection

圆领，窄袖，上衣下裳相连，分前后片，由靠身、护肩、靠肚、吊鱼、后斗等多部件组成。靠肚平金绣云、狮、双"喜"字、海水江崖纹，下缀斜形狮首吊鱼，靠肚下沿钉缀杏黄网纹丝穗。穿时配靠领，束下甲，扎背壶，内插四面青缎蟒纹靠旗。

从靠肚缀杏黄网纹丝穗这一特点可知，此靠当为《霸王别姬》中楚霸王项羽专用戏装。

53

白缎绣平金龟背朵花凤戏牡丹纹女靠

清光绪
身长142.5厘米　两袖通长194厘米
下摆宽49厘米
清宫旧藏

Female military officer's armour of white satin embroidered with phoenix among peonies over a gold turtle-shell pattern

Guangxu period
Armour length: 142.5cm
Cuff to cuff: 194cm
Hemline: 49cm
Qing Court collection

圆领，带护肩，窄袖，上衣下裳通连，衬月白素布里。外加浅雪青缎平金皮球花蝶蝠纹如意形云肩，靠肚及后腰梁下缀两层各色绣花飘带。穿时配靠领，束下甲，扎背壶，插白缎双面绣凤纹靠旗四面。后腰梁玉带右扣上拴粉布条签，上楷书"白三旗　各色缎子女靠一件"。

此靠之上衣、靠肚、吊鱼以白缎为地，两袖及下裳以蓝缎为地，主纹为平金龟背朵花纹。靠肚上为平金绣"凤戏牡丹"纹。

女靠是戏中女将的戎装，形制与男靠相似，靠肚略小。一般均具有较强的装饰性，以衬托戏中女将飒爽英姿之风采。

54

玫瑰紫缎绣平金凤戏牡丹纹女靠
清光绪
身长135厘米　两袖通长178厘米
下摆宽60厘米
清宫旧藏

Female military officer's armour of rose purple satin embroidered with gold phoenix among peonies
Guangxu period
Armour length: 135cm
Cuff to cuff: 178cm
Hemline: 60cm
Qing Court collection

立领，大襟，衬粉红布里。衣襟钉铜光素扣袢三对，衣领边缀如意形云肩两层，绿缎袖口接五色窄袖。靠肚绣凤戏牡丹纹，垂鱼为平金网纹和彩绣团凤。两侧缀各色缎绣花飘带。垂鱼后为绿缎平金"凤戏牡丹"、海水江崖纹飘带。下甲摆处钉五彩丝线排穗。周身钉光片小圆镜，绣火焰纹边。穿时配靠领，胸前加护心镜或彩球，扎背壶，插同色靠旗四面。

此靠为晚清宫廷演出升平署本乱弹单出戏《破洪州》中穆桂英之服用。其服装造型比男靠更具有装饰性，纹样色彩更加明艳，衬托出巾帼英雄的英武形象。

55

白缎绣狮纹门神铠
清雍正
身长136厘米 两袖通长158厘米
下摆宽86厘米
清宫旧藏

Door-god's armour of white satin embroidered with lions
Yongzheng Period
Armour length: 136cm
Cuff to cuff: 158cm
Hemline: 86cm
Qing Court collection

直领，对襟，窄袖，裾左右开，衣长及足，衬粉红色缎里。周身镶黑缎边，缀铜帽钉。衣身以彩色丝线绣纹，前胸为云纹，两肩绣狮首纹，腰部绣彩云、飞狮及海水江崖纹，下甲处绣缀仰俯狮首及勾云片纹，底摆绣奔狮、彩云、火珠及海水江崖纹。

铠形制如靠，但无靠肚、靠旗，威武程度逊于靠。其作用多为摆排场，壮声势，没有武打动作。此门神铠绣工精细，设色艳丽秀美，构图层次分明。在清宫大戏《升平宝筏》及昆曲单本戏《安天会》中扮演门神者皆可服之。

56

红纱绣平金锁子兽面纹天王铠
清乾隆
身长137厘米　两袖通长179厘米
下摆宽93厘米
清宫旧藏

Heavenly King's armour of red gauze embroidered with lockstitch design of animal-heads over a gold lock pattern
Qianlong Period
Armour length: 137cm
Cuff to Cuff: 179cm
Hemline: 93cm
Qing Court collection

圆领，对襟，窄袖，上衣下裳相连，腰间缀靠肚，裳甲正中前后开衩。通身平金绣锁子纹为地，上彩绣兽面纹，图纹以金线勾边。

此铠绣工精致，色彩艳丽，为清宫现存戏衣中之珍品。在依据《西游记》改编的清宫大戏《升平宝筏》中，扮四大天王者即穿用此铠。

57

白缎绣平金网纹地珠纹大铠
清光绪
身长138厘米 两袖通长172厘米
下摆宽89厘米
清宫旧藏

Army Chief's armour of white satin embroidered with two dragons playing with a pearl over a gold net pattern
Guangxu period
Armour length: 138cm
Cuff to cuff: 172cm
Hemline: 89cm
Qing Court collection

圆领，对襟，窄袖，上衣下裳相连，腰间缀靠肚，上衣胸前对襟至靠肚右转开襟，沿襟处钉有五道疙瘩扣，靠肚和后软腰两侧以扣相连，裳甲正中前后开衩，铠长及足。

铠全身以平金网纹来表现金属甲片，用绦边和平金回纹区分出各部位甲片形状。前胸后背、吊鱼、裳甲等部分钉缀金属片。两肩饰在网纹地上彩绣团狮，袖口绣以串枝牡丹。靠肚凸起，上绣二龙戏珠及海水江崖纹。靠肚上、下缘以黑、红缎边钉缀突起饰块，形如玉带，吊鱼绣狮首，裳甲前后各绣狮戏球纹。

大铠亦称站堂铠，形制与靠相似，在戏曲舞台上是皇家御林军的角色服装，服色有红、绿、黄、白、黑等，每色四身为一堂，穿时无靠旗，威武程度逊于靠。其作用多为摆排场，壮声势，没有武打动作。

58

蓝缎绣平金牛纹铠
清光绪
身长138厘米 两袖通长212厘米
下摆宽50厘米
清宫旧藏

Ox-god's armour of blue silk embroidered with gold dragon and ox
Guangxu period
Armour length: 138cm
Cuff to cuff: 212cm
Hemline: 50cm
Qing Court collection

圆领、大襟右衽，马蹄袖，上衣下甲相连，衬粉红素布里。衣襟钉铜素扣袢三对，腰部两侧缀白绫绘虎皮纹侉子各一，周身滚白绸边钉丝绦，上缀圆形亮片。衣身前胸、后背钉缀白缎平金牛纹团补各一，袖口、两肩、腰部及下裳前后绣团龙纹，在团龙纹间，通身饰以缠枝莲、环钱及"卍"字纹。

牛纹铠形制似软靠，但无靠肚，亦无靠旗，上衣下甲相连。为清晚期升平署本的乱弹单本戏《安天会》中扮牛神者之服用。

59

白缎绣马纹铠
清光绪
身长138厘米 两袖通长207厘米
下摆宽48厘米
清宫旧藏

Horse-god's armour of white silk embroidered with dragons and horse
Guangxu period
Armour length: 138cm
Cuff to cuff: 207cm
Hemline: 48cm
Qing Court collection

形制与牛纹铠同,腋下钉白绫画鹿皮纹侉子,以扣袢与上衣相连。镶织金缎边一道,上钉火焰纹,平金回纹边、圆形亮片均匀地点缀其间。衣身前胸、后背缀蓝缎平金绣马纹圆补各一,袖口、两肩、腰部及下甲前后绣团龙纹,在团龙纹间,通身饰以缠枝莲、环钱及"卍"字纹。

马纹铠为清宫大戏《升平宝筏》中扮演马神天将者之服用。

60

红缎绣平金云蟒纹排穗铠
清光绪
身长143厘米　两袖通长170厘米
下摆宽113厘米
清宫旧藏

Warrior's armour of red satin embroidered with python, bats and clouds; fringed with tassels
Guangxu period
Armour length: 143cm
Cuff to cuff: 170cm
Hemline: 113cm
Qing Court collection

圆领，对襟，窄袖，衣长及足。前后身分两片，以月白缎绣平金串枝牡丹纹绣片相连，衬粉红布里。周身钉平金回纹边一道及圆形亮片，衣襟钉铜花扣袢四对。下摆缀以各色丝穗。衣身前胸、后背、两肩平金绣正蟒纹，下幅前后绣升蟒纹，下摆饰海水江崖纹。间饰云蝠、缠枝花纹。

此排穗铠为戏曲中御林军武士之服，四身为一堂。

61

白缎绣朵花"卍"字团龙纹排穗铠
清光绪
身长137厘米　两袖通长172厘米
下摆宽74厘米
清宫旧藏

Armour of white satin embroidered with gold flowers and swastikas; fringed with tassels
Guangxu period
Armour length: 137cm
Cuff to cuff: 172cm
Hemline: 74cm
Qing Court collection

圆领，对襟，窄袖，衣长及足，衬粉红布里。铠为前后两片，以藕荷缎绣金折枝花卉纹绣片相连。周身镶绣缠枝莲纹和平金圆"寿"字宽边，间钉圆光片，内饰平金回纹边。下摆钉网纹盘金线结，缀五彩丝排穗。

铠身绣"卍"字及平金四合如意朵花纹为地，于前胸、后背、两肩及下摆平金绣团龙纹。

排穗铠四身为一堂，为戏曲舞台上扮演帝王随驾仪仗之用。

62

缂丝青地彩云金龙纹甲
清乾隆
身长75厘米 两袖通长176厘米
下摆宽73厘米
清宫旧藏

Armour of black silk tapestry with multicolored clouds and gold dragons
Qianlong period
Armour length: 75cm
Cuff to cuff: 176cm
Hemline: 73cm
Qing Court collection

圆领，对襟，窄袖，衣长及胯，带护腋和前挡。下甲分左右两片，与腰身连缀，穿时围在腰间。内絮以薄棉，衬红色缎里。

通身用双色金线缂龙纹，前胸升龙纹，身后、两肩为正龙纹，下甲为降龙纹。龙鳞间以宝蓝色线相隔。四周彩缂海水、火珠、彩云纹，以红、白、黑三色织金缎缘饰，间钉铜镀金帽钉。

甲是由古代将士穿用的战甲演变而来的戏曲服装，属戏中武将的戎服。

63

明黄妆花缎彩云金龙纹满洲甲
清乾隆
身长86厘米 两袖通长176厘米
下摆宽78厘米
清宫旧藏

Armour of bright yellow satin in Manchu style with multicolored clouds and gold dragons
Qianlong period
Armour length: 86cm
Cuff to cuff: 176cm
Hemline: 78cm
Qing Court collection

圆领，对襟，衣长及臀，收袖，甲两侧不缝合，以护腋围合，缀护肩，身前护挡以铜素扣袢连接。上衣、下甲分制，下甲通腰，左右甲片下缀云形装饰。全身内絮以薄棉。两袖将七色织金缎窄条以红绸滚边后钉缀在缎地上，呈现接袖效果。通身缘边，在黑色漳绒钉缀半圆铜帽钉的直边外，将红、绿、黄、白、黑、月白、豆沙、水粉八色织金缎挖剪成云状，压叠成云状，并连缀成缘。

通身织龙纹：前胸为升龙纹，后背、两肩、两护腋、前挡为正龙纹，下甲为降龙纹。龙纹用金线，辅以月白、黑绒线来加强龙鳞轮廓，以增加明暗层次变化。四周饰以海水江崖及祥云纹。

满洲甲为戏曲演出用戎装的一种，其款式完全仿照清军军装式样，与皇帝的大阅甲非常相近。

64

青缎绣平金"帅"、"勇"字清丁甲
清光绪
身长78厘米 两袖通长156厘米
下摆宽80.5厘米
清宫旧藏

Black satin armour embroidered with "Shuai"(commander in chief) and "Yong" (brave) done with gold thread
Guangxu period
Armour length: 78cm
Cuff to cuff: 156cm
Hemline: 80.5cm
Qing Court collection

圆领，大襟，腋下有护腋，上衣下裳分制，下摆前后有挡。衬月白素绸里。领、肩、腋各钉錾花铜扣袢三对，左右护腋及腰处钉扣袢二对，周身镶白素绸边，两肩镶如意云头。下甲分左右两片，用月白素布相连。通身皆饰以平金帽钉纹。前胸平金绣"帅"字，后背平金绣"勇"字，并以平金连珠纹圈边。

清丁甲是戏曲舞台上扮演清代兵丁的棉甲戎服和身份装。

65

月白纱地绣平金云龙纹两丁头
清乾隆
身长124厘米　两袖通长186厘米
下摆宽53厘米
清宫旧藏

Military officer's martial attire of light blue gauze with clouds and gold dragons
Qianlong period
Attire length: 124cm
Cuff to cuff: 186cm
Hemline: 53cm
Qing Court collection

圆领，对襟，紧袖，带护肩，上衣下裳分制，衬红暗花云纹绸里。前摆里钉三角形"前挡"，后摆里钉铲形"后挡"。前胸缀护心镜一，衣之下幅处钉小狮头。护肩、身侧、下甲及前后护挡为青纱绣缠枝菊纹缘。衣身平金绣云龙纹。后背领里钤墨印"景山静宜园"、"静宜园"，下甲腰梁里亦钤有墨印"景山静宜园"。

两丁头是戏中武将的戎服，其形制与靠相似，四身为一堂，为扮演御林军等角色所服用。

66

红缎绣平金花卉纹五短头
清光绪
身长129厘米　两袖通长173厘米
下摆宽75厘米
清宫旧藏

Military officer's martial attire of red satin embroidered with gold flowers
Guangxu Period
Attire length: 129cm
Cuff to cuff: 173cm
Hemline: 75cm
Qing Court collection

圆领，对襟，紧袖，带护肩，上衣下甲分制，衬衫红布里。衣襟钉铜扣袢两对。周身以平金火焰纹为缘饰，上钉圆光片。通身平金绣方棋"卍"字纹为地，前胸后背及两肩绣团飞虎纹，两袖绣缠枝牡丹纹，袖口绣平金火焰勾藤纹。靠肚绣二龙戏珠、海水江崖纹。下甲中间为吊鱼，亦绣团飞虎纹。

五短头形似靠，源于古代将帅战甲，为戏剧中扮相武将者之服用。

67

红暗花绸英雄衣
清光绪
身长96厘米　两袖通长164厘米
下摆宽64厘米
清宫旧藏

Martial attire of red silk with veiled pattern
Guangxu period
Attire length: 96cm
Cuff to cuff: 164cm
Hemline: 64cm
Qing Court collection

大领，斜襟右衽，窄袖紧身，衣长过腰，衣摆钉缀异色暗花绸走水，为了突出穿者闪转腾挪的敏捷，除袖口、两裾饰有代表紧身的扣袢外，还特在衣底襟前后正中另加三道扣袢。所有扣袢采用白色机织绦带缝制，在黑色底绒衬托下，尤显穿者英俊干练。

此衣纹饰不做过多装饰，仅将黑色平绒剪裁成如意形缘边，钉米黄色福寿三多纹绦边，与红绸地反差强烈。为了表现穿者身形敏捷，还在黑绒如意边上钉缀铜包边小圆镜片，其反光效果比金属片更佳。

英雄衣又名打衣、抱衣等，是短式戎服，多为绿林英雄、义士侠客所用。装扮人物时，腰系鸾带，身扎"袢胸"。清代昆曲《打棍出箱》中陆荣就身穿英雄衣。在取材于《彭公案》的京剧《武文华》中，武生万君兆也身穿红绣花抱衣。

68

杏黄布绣缠枝花纹英雄衣
清光绪
身长85厘米 两袖通长152厘米
下摆宽65厘米
清宫旧藏

Martial attire of apricot yellow cloth embroidered with interlocking flower sprays
Guangxu period
Attire length: 85cm
Cuff to cuff: 152cm
Hemline: 65cm
Qing Court collection

大领，斜襟右衽，窄袖紧身，衣长过腰，两侧小开裾，下摆缀双层彩绣折枝菊纹绸质走水，衬白素布里。衣领镶蓝绸平金"寿"字折枝菊纹宽边，右腋下钉蓝布系带二条。

此衣围领边一圈、两袖口、衣身前后摆及身侧均为连续的平金如意形纹，其余绣缠枝梅花、月季、牡丹等纹。

69

青缎绣平金团寿牡丹花蝶纹侉衣
清光绪
身长79厘米　两袖通长186厘米
下摆宽78厘米
清宫旧藏

Black satin jacket embroidered with peony-butterfly design and "Shou"(longevity) done with gold thread
Guangxu period
Jacket length: 79cm
Cuff to cuff: 186cm
Hemline: 78cm
Qing Court collection

立领，对襟，窄袖，裾左右开，衣长及胯，衬土黄麻布里。领前钉骨制扣袢十对，左右裾钉连袢各两对。衣身以彩色丝线，运用多种针法绣折枝牡丹、荷花、蝴蝶、蝙蝠纹，平金团"寿"字点缀其间。

侉衣亦称快衣，分花素两种，为短打衣，是便于武打的一种轻便服装。此衣衣面绣蝴蝶或蝙蝠等纹饰，多为动作轻捷的武丑穿用，京剧《三岔口》中黑店店主刘利华即穿用这种侉衣。

70

青缎绣飞虎纹侉衣
清光绪
身长101厘米　两袖通长178厘米
下摆宽96厘米
清宫旧藏

Black satin jacket embroidered with a flying tiger
Guangxu period
Jacket length: 101cm
Cuff to cuff: 178cm
Hemline: 96cm
Qing Court collection

圆领，大襟右衽，裾左右开，衬粉红布里。领前钉一字形铜扣袢，与领、襟共钉九对铜扣袢。周身镶蓝织金缎"卍"字曲水纹边。衣身以彩色丝线在前胸、后背各绣一飞虎纹。四周衬以蝙蝠口衔桃实、花卉、"卍"字纹，平金团"寿"字点缀其间。

83

71

红暗花绸绣百蝶纹女打衣
清光绪
身长83厘米 两袖通长184厘米
下摆宽82厘米
清宫旧藏

Female short martial attire of red veiled silk embroidered with numerous butterflies
Guangxu period
Attire length: 83cm
Cuff to cuff: 184cm
Hemline: 82cm
Qing Court collection

立领，斜襟右衽，紧袖，四开裾，衬浅粉色布里。衣襟钉纽袢五对，两袖下钉蓝色纽袢三对，衣裾处钉黑色纽袢四对，亦称英雄结。襟、袖及下摆镶白缎绣花蝶纹花边，间钉圆形光片。花边内镶绿缎织花曲形绦边一道。衣身以各色丝线绣蝶纹，间饰平金球纹。

打衣是便于武打的轻便服装，女打衣为女用短戎服，为剧中女将、女兵、江湖女侠或神化女妖等角色穿用。穿时需配裤、战裙。红色为武艺高强者服用，如京剧《太君辞朝》中杨排风、《武文华》中的武妹，均穿此衣。

72

黑缎缀绣百蝶纹女打衣
清光绪
身长79厘米 两袖通长156厘米
下摆宽78厘米
清宫旧藏

Female short martial attire of black satin embroidered with numerous butterflies
Guangxu period
Attire length: 79cm
Cuff to cuff: 156cm
Hemline: 78cm
Qing Court collection

立领，对襟，窄袖，衣长过臀，衣后及两侧开裾，深桃红色素绸衬里。领、袖、衣周边用与衣料同色的缎料缘饰，在领下、摆上及开裾处均美化为如意形，缘外再滚以白边，使整衣透出一种干练的节奏感。

衣身钉缀形态各异舞蝶纹，舞蝶系先用他料绣好，按形剪下，再钉缀于衣上。

女打衣服色多样，主要有红、白、黑等，装扮人物时，腰间常系绣花白腰巾。京剧《杨门女将》中杨七娘即穿黑打衣裤和战裙。

73

蓝地锦蔓草朵花纹报子衣
清乾隆
身长84.5厘米 两袖通长139厘米
下摆宽70厘米
清宫旧藏

Scout's martial attire with flowers and trailing grass over a blue brocaded ground
Qianlong period
Attire length: 84.5cm
Cuff to cuff: 139cm
Hemline: 70cm
Qing Court collection

圆领，对襟，窄袖，左右开裾，衣长过臀，粉红色绸衬里。护肩和胸前后钉缀以用缎或织金锦挖剪成形如连云的饰片，再以异色织金缎缘饰，形成护肩和靠肚形的装饰，衣边钉以铜质帽钉。衣身满饰蔓草朵花纹。领内里钤墨印"景山内学记"、"景山内学"，墨书"景山内学"、"报子衣点对"。

报子衣为军中专司情报的兵卒（报子）穿用，虽属武服，但又不同于带有明显防护作用的靠、甲类戎服，其形制既要点明与军事有关，又要表现报信人的轻便灵巧。在清宫连台大戏《升平宝筏》中，扮演平顶山莲花洞金角大王麾下的伶俐虫，扮相为头戴扎巾，系肚囊，身穿报子衣。另据《穿戴提纲》记载，《奋勇王家》(《劝善金科》之一折)和《阵产》两出戏中的男女报子，均穿报子衣。

74

姜黄地锦盘条瑞花纹开氅
清乾隆
身长136厘米 两袖通长223厘米
下摆宽86厘米
清宫旧藏

Military officer's informal dress of turmeric brocade with geometric and auspicious floral patterns
Qianlong period
Dress length: 136cm
Cuff to cuff: 223cm
Hemline: 86cm
Qing Court collection

大领，斜襟右衽，阔袖宽身，衣长及足。通身饰几何纹锦式骨架，内填梅花、勾莲、菊花、牡丹等花纹，骨架边框内填饰回纹、曲水、双矩、菱格等几何纹。这种纹样的组合，有"吉祥长寿"之寓意。

锦为名贵丝织品，用在戏曲服装上非常少见。此衣所用面料为明代苏州织造局的贡品，清乾隆年间缝制成衣。至今已有三四百年，仍色泽鲜丽如新，实为珍品。

75

红地锦缠枝牡丹菊花纹开氅
清乾隆
身长138.5厘米　两袖通长217厘米
下摆宽92.5厘米
清宫旧藏

Military officer's informal dress of red brocade with interlocking sprays of peony and chrysanthemum
Qianlong period
Dress length: 138.5cm
Cuff to cuff: 217cm
Hemline: 92.5cm
Qing Court collection

大领，镶白绫托领，斜襟右衽，阔袖宽身，身后带"摆"，衣长及足。衬粉红素布里。两腋下钉红缎系带二条。通身满饰缠枝牡丹和菊花纹，呈横向布列，牡丹与菊花交替出现。领内里钤楷书阳文"景中学"墨印一方并墨书"景山中学"四字。"景中学"与"景山中学"，均指清代设于景山的戏曲演出机构。

此衣用料讲究，装饰豪华，色彩艳丽，制作工整规范。开氅属军便服，是戏曲中地位较高的武将闲居时的便装，亦可为山寨寨主等角色穿用。

89

76

绿地天华锦四合如意纹开氅
清乾隆
身长147厘米 两袖通长224厘米
下摆宽106厘米
清宫旧藏

Military officer's informal dress of green brocade with Ruyi-shaped flowers in checks
Qianlong period
Dress length: 147cm
Cuff to cuff: 224cm
Hemline: 106cm
Qing Court collection

形制同前，镶白绫托领，衬粉红暗花绸里。通身饰四瓣朵菊蔓草与四合如意杂花纹，形成两个散点，上下交错横向排列，组成四方连续纹样。此种纹饰系仿古建筑的装饰彩绘纹，在明清两代锦织物上较为流行。

此衣锦料为清初苏州织造局所制，成衣于乾隆年间。织造精细，设色丰富，浓淡相间，富丽雅致。图案层次分明，密而不繁。历经二三百年至今仍色泽艳丽如新，为苏州织造局仿宋锦之代表作。单本戏《夺小沛》中的关羽即穿用此开氅。

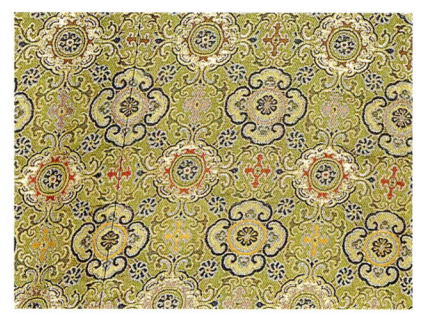

77

沉香地锦重莲蔓草纹开氅
清乾隆
身长113厘米　两袖通长218厘米
下摆宽94厘米
清宫旧藏

Military officer's informal dress of light reddish brown brocade with double lotus and entwining vines

Qianlong period
Dress length: 113cm
Cuff to cuff: 218cm
Hemline: 94cm
Qing Court collection

形制同前，镶白绫托领，通身饰重莲蔓草、如意朵莲纹，作对称式横向排列。衬里钤"景中学"、"如意"、"同春"等墨印三方。

此开氅面料为雍正时苏州织造局贡品，成衣于乾隆年间。设色与纹样选配精美，为苏州仿宋锦之稀世珍宝，亦是戏衣中之仅有。"景中学"为清宫演戏机构。"同春"是京剧演员谭鑫培与周春奎于光绪十三年（1887）组成的"同春"戏班，此氅是谭鑫培与同春班进宫演戏时所穿用。

78

葡紫色纱绣云蝠团龙纹开氅
清嘉庆
身长147厘米 两袖通长190厘米
下摆宽121厘米
清宫旧藏

Military officer's informal dress of grape purple gauze embroidered with bats, clouds and 8 medallions of dragon among clouds
Jiaqing period
Dress length: 147cm
Cuff to cuff: 190cm
Hemline: 121cm
Qing Court collection

形制同前，镶白绫托领，缀湖色绸水袖。浅粉色麻布衬里。通身平金绣海水云龙纹，以云蝠围绕成八团。周身散云蝠纹。下摆为海水江崖，水中隐现海珠、犀角、叠胜、古钱、如意、"卍"字等杂宝。镶白、月白两色缎边，上绣三蓝团鹤、花蝶等纹。

此氅衣料为嘉庆年间织造，成衣在光绪年间。其龙纹打破使用单一金线技法，改为局部添加平银线绣法，金银两色搭配，使得龙形立体感极强。全衣绣线计有红、浅粉、绿、姜黄、葡灰等近二十种，晕色自如。针法运用丰富，集套、缠、滚、接、戗等于一身，针脚齐整。

79

月白妆花缎四季花卉纹卒衣
清乾隆
身长102厘米 两袖通长184厘米
下摆宽98厘米
清宫旧藏

Soldier's garment of bluish white satin with leaves and flowers of four seasons
Qianlong period
Clothes length: 102cm
Cuff to cuff: 184cm
Hemline: 98cm
Qing Court collection

圆领，领后镶云肩，对襟，裾左右开，衬粉红色菊兰纹暗花绸里。衣襟钉铜镀金扣袢五对，周身镶香色云龙纹妆花缎边。衣身满织牡丹、莲花、菊花、茶花等朵花纹，枝叶缠绕，花朵硕大。

此衣为戏剧中扮演兵卒所服用。其面料系明代江宁织造局贡品，成衣于清乾隆年间。缎面织造精致，提花规整，采用"挖花"技术织花纹，设色丰富，清新悦目，具有典型的明代宫廷织物风格，是研究明代挖花妆彩技术的重要实物资料，亦是清宫戏衣之珍品。

80

红妆花缎团金龙云纹卒坎
清乾隆
身长94厘米　肩宽40厘米
下摆宽90厘米
清宫旧藏

Soldier's vest of red satin with clouds and gold dragon medallions
Qianlong period
Vest length: 94cm
Shoulder width: 40cm
Hemline: 90cm
Qing Court collection

圆领，对襟，衣长及膝，前后片两侧不缝合，与袖根相通，仅在腋下钉数针连合。内絮薄绵，粉色素绸衬里。自领口下，排四道铜镀金素扣纽袢。衣身缘边多道，主要为石青团龙杂宝织金缎，缎边外以红缎滚边，内以白缎缘饰，白缎边按宽度取中再钉黑色细绦边。后背内里钤墨印"大戏记用"。

此衣主体图纹为团龙和海水江崖。用色计有红、香、绛、蓝、绿等多种，运用了通经断纬、挖花盘织的妆彩技法，使得妆花缎配色多样、色彩丰富的特点尽显无遗。并巧妙运用"片金绞边、大白相间"的对比调和处理，使得纹样庄重典丽，繁而不乱，实为乾隆时期精湛织造技艺之代表作。

卒坎，亦称小披褂，其使用范围不仅限于军中士兵，民间船夫、更夫、轿夫等也常用。昆腔《孙诈》中的四小军，京剧《截江夺斗》中三船夫，《群英会》中二水手、二牢子手，《借东风·烧战船》中二刀斧手，均穿红卒坎。

81

白缎绣团花牡丹梅花八宝纹卒坎
清光绪
身长74厘米　肩宽41厘米
下摆宽70厘米
清宫旧藏

Soldier's vest of white satin embroidered with peonies, plum blossoms and 8-Auspicious motifs
Guangxu period
Vest length: 74cm
Shoulder width: 41cm
Hemline: 70cm
Qing Court collection

圆领，对襟，下摆为曲边，裾左右开。衬黄布画黑、白相间虎皮纹衬里。前襟钉土黄色铜扣袢四对。前胸、后背为桃实、牡丹组成的团花纹，四周绣缠枝牡丹、八宝、梅花纹样。通身钉两道红、绿相配的装饰带，装饰带在衣身下摆处呈如意头形，带间绣缠枝菊纹。装饰带与衣边间钉小圆镜，其周绣以蓝色火焰。

此卒坎运用蓝、月白、红、粉、黄、绿、水绿、水粉、沉香、藕荷等颜色，设色丰富。采用缠针、松针、戗针、钉针等多种针法，绣工精致。

82

明黄妆花缎彩云金龙纹箭衣
清乾隆
身长140厘米　两袖通长196厘米
下摆宽118厘米
清宫旧藏

Light martial attire of bright yellow satin with colored clouds and gold dragons
Qianlong period
Attire length: 140cm
Cuff to cuff: 196cm
Hemline: 118cm
Qing Court collection

圆领，斜襟右衽，马蹄袖，四开裾，衣长及足，粉色暗花绉绸串枝牡丹纹衬里。领袖镶青妆花缎边。通身织彩云金龙及海水江崖纹八团。

此衣面料为江宁织造局贡品，织造精致，色彩丰富艳丽。据说戏曲舞台上最早采用四开裾的蟒袍及行褂，始于乾隆年间江南的昆曲班。

箭衣属轻便戏装，应用范围广，上自帝王、武将，下至英雄豪杰、衙役狱卒具用。但也有严格的规定，分龙箭衣、花箭衣、绣边箭衣、素箭衣四种。其颜色有上五色，下五色。穿箭衣，衣领加饰护颈之三尖，腰系鸾带。明黄色箭衣为舞台上扮帝王者之服用。

83

绿妆花缎彩云金龙纹箭衣
清乾隆
身长144厘米　两袖通长200厘米
下摆宽118厘米
清宫旧藏

Light martial attire of green satin with colored clouds and gold dragons
Qianlong period
Attire length: 144cm
Cuff to cuff: 200cm
Hemline: 118cm
Qing Court collection

形制如前，衬粉色素绸里。领口、腋下及身侧钉青绒铜镀金扣袢四对。通身绣彩云金龙及海水江崖纹，其中前胸、后背、两肩为正龙，余为升龙，龙间饰以五彩云纹，下幅为海水江崖纹。大襟内里钤篆体阳文"升平署图记"方形朱印。

此衣用料讲究，色彩丰富，装饰豪华，制作精良。箭衣本是满族服饰，其四开裾和马蹄袖便于马上民族骑射，清代中叶逐渐应用于戏曲舞台，成为戏曲服饰中为数不多的具有满族特色的服装。

84

白妆花缎彩云金龙纹箭衣
清乾隆
身长134厘米　两袖通长191厘米
下摆宽126厘米
清宫旧藏

Light martial attire of white satin with colored clouds and gold dragons
Qianlong period
Attire length: 134cm
Cuff to cuff: 191cm
Hemline: 126cm
Qing Court collection

形制如前，粉红色绸衬里。通身织金龙十条，龙间散布流云，下摆为海水江崖纹。领口内里钤长方朱印"大戏记用"、长圆墨印"如意"。

此衣面料选用妆花缎，是江宁织造局进贡的珍品。清宫昆腔杂戏《三气》中周瑜扮相即头戴紫金冠，身穿白龙箭衣。京剧《群英会》中周瑜、《八大锤》中陆文龙也都身穿白龙箭衣。

85

青妆花缎彩云金龙纹箭衣
清乾隆
身长144厘米　两袖通长194厘米
下摆宽124厘米
清宫旧藏

Light martial attire of black satin with colored clouds and gold dragons
Qianlong period
Attire length: 144cm
Cuff to cuff: 194cm
Hemline: 124cm
Qing Court collection

形制如前，湖色绸衬里。通身织金龙八条，龙纹以捻金线织成，灿灿金线与黑色形成强烈反差。周围衬以五彩祥云，下幅饰以海水江崖纹。内里钤长圆形阳文墨印"如意"。

在取材于《三国演义》的京剧《定军山》中，夏侯德即穿用青黑色箭衣。

86

缂丝红地灯笼海水纹箭衣
清同治
身长143厘米 两袖通长218厘米
下摆宽112厘米
清宫旧藏

Light martial attire of red silk tapestry
with eight lantern medallions and waves
Tongzhi period
Attire length: 143cm
Cuff to cuff: 218cm
Hemline: 112cm
Qing Court collection

圆领，斜襟右衽，红团龙暗花绸接袖，石青色马蹄袖，四开裾，衣长及足，蓝色麻布衬里。衣身缂织八团灯笼纹样，莲花宝顶灯盖，葫芦形灯身，下垂小葫芦样灯穗。灯身缂织蝠衔寿桃、团寿、缠蔓葫芦等图案，其寓意为"福寿万代"。花灯外，五蝠和朵云环绕，朵云间点缀鱼鼓、宝剑、横笛、笊篱、葫芦、扇子、拍板、花篮等暗八仙，以衔磬蝙蝠和暗八仙组合，有"福庆长寿"之意。

缂丝是一种高档丝织物，以仿名人书画为多，用于服饰，仅见于皇室。以缂丝织物制作戏装，更是罕见，可见当时宫中对戏曲的偏好和投入。

神仙衣、僧道法衣等（Dresses for the Immortal, Monk and Taoist Priest）

87

蓝缎绣平金太极八卦纹帔
清光绪
身长138厘米　两袖通长184厘米
下摆宽94厘米
清宫旧藏

Military counselor's blue satin dress embroidered with gold pattern of Tai Chi Ba Gua

Guangxu period
Dress length: 138cm
Cuff to cuff: 184cm
Hemline: 94cm
Qing Court collection

大领，斜襟右衽，阔袖宽身，缀湖色绸水袖，裾左右开，衣长及足。内衬黄素布里。两腋下钉蓝缎带二条。领、襟、两袖口、衣身两侧及下摆镶雪青缎平金绣团"寿"字花果纹宽边，其中两袖及下摆为曲边，余为直边。腰部缀蓝缎平金缠枝菊纹镶雪青缎平金回纹边腰梁，下垂宝剑式飘带二，纹及镶边均与腰梁同。

此帔前后胸平金银绣太极图，两肩、两袖后及下裳前后平金绣八卦图纹。间饰以桃实蝠纹图案。通身又于各图案间钉铁质小圆片。

八卦纹帔又称"八卦衣"，属道教专用服装，是扮演有道术军师的身份装。穿此帔者，表示所扮人物为知阴阳、通八卦、深通谋略之士。单本戏《群英会》、《借东风》中诸葛亮即穿用此类服装。

88

酱色缎绣八卦纹帔
清光绪
身长148厘米　两袖通长224厘米
下摆宽103厘米
清宫旧藏

Military counselor's dress of dark reddish brown satin embroidered with Ba Gua
Guangxu period
Dress length: 148cm
Cuff to cuff: 224cm
Hemline: 103cm
Qing Court collection

大领，斜襟右衽，阔袖宽身，缀月白绸水袖，裾左右开，衣长及足。蓝色麻布衬里。衣身袖口用浅蓝色缎镶曲边，上绣仙鹤、云蝠纹。腰间缀有浅蓝色腰饰，在身前正中折叠下垂，状如飘带，上以平金回纹装饰。

此帔上身前后胸绣太极图案，以平金、银线所呈现的深浅颜色来区分阴阳。在太极图案周围，平金绣八卦符号，外用湖色双股线圈边。

八卦指：乾（天）、坤（地）、艮（山）、兑（泽）、巽（风）、震（雷）、离（火）、坎（水），这八种符号，相传为上古伏羲氏所创，后被道教赋予玄秘深奥之意，用于代表宇宙万物。

89

月白缎绣竹兰菊石纹观音帔
清同治
身长124厘米 两袖通长207厘米
下摆宽92.5厘米
清宫旧藏

Guanyin's dress of bluish white satin embroidered with bamboos, orchids, chrysanthemums and rocks
Tongzhi period
Dress length: 124cm
Cuff to cuff: 207cm
Hemline: 92.5cm
Qing Court collection

观音帔直领，宽身，衣长及足。衬红暗花绸里。领口镶白绫绣三蓝勾莲纹边，钉白绫系带二条。通身用墨线绣竹、兰、菊与山石纹，后身之竹林间加绣白色喜鹊衔念珠纹样。绣工细致，制作精良，寓意鲜明。后领内里钤楷书阳文墨印"南府外头学舍淳堂"。

观音帔为神话剧中观世音菩萨之专用服装。

90

蓝缎绣团鹤纹鹤氅
清光绪
身长144厘米 两袖通长208厘米
下摆宽104厘米
清宫旧藏

Blue satin robe embroidered with ten crane medallions
Guangxu period
Robe length: 144cm
Cuff to cuff: 208cm
Hemline: 104cm
Qing Court collection

大领，斜襟右衽，阔袖宽身，缀水袖，裾左右开，衣长及足。衬粉红麻布里。领袖及裾、下摆镶雪青缎绣云蝠盘长纹曲缘。腋下钉缎带两条。腰部钉品蓝缎镶雪青缎边腰梁，前垂两条飘带。

此氅周身以各色绒线，运用多种针法绣鹤纹十团。前后胸的仙鹤口衔灵芝及桃实。下摆前后仙鹤口衔灵芝及竹枝。形式别具一格。

鹤氅形制与八卦衣相似，只是以团鹤作装饰图案。其用途亦是专用于知天文、晓地理的智慧人物的扮装。如《赤壁之战》之"借东风"一折，诸葛亮即穿此氅，以表现他通晓天文地理。

91

黄缎绣云鹤日月纹法衣
清乾隆
身长141.5厘米 两袖通长216厘米
下摆宽120厘米
清宫旧藏

Religious ceremonial robe of yellow satin embroidered with the sun, the moon, clouds and cranes
Qianlong period
Robe length: 141.5cm
Cuff to cuff: 216cm
Hemline: 120cm
Qing Court collection

直领，对襟，荷包袖，左右开裾高至腋下，衣长及足，粉红暗花绫衬里。衣领、袖边用黑缎镶宽边，上饰平金龙逐火珠纹，周围绣祥云。衣身绣舞鹤三十六只，前后身各八只，两袖各十只。白鹤衔古钱、宝珠、如意、犀角、珊瑚等杂宝，间饰流云纹。两肩绣神话中的日月图案。左肩为太阳，内有三足乌，立于梧桐树下的山石上，远处云绕碧瓦朱甍。右肩为月亮，内有玉兔于桂树下捣药，云间隐现广寒宫。衬里钤墨印"大戏"。

法衣是军师和道士设坛作法时的场合装，也是仙翁的身份装。用时内衬八卦衣和素褶子。穿法衣者有《借东风》中的诸葛亮、《安天会》中的太上老君、《五花洞》中的张天师等角色。

92

红纱绣云鹤龙捧塔纹法衣
清乾隆
身长143厘米 肩宽132厘米
袖口宽51厘米
清宫旧藏

Religious ceremonial robe of red gauze embroidered with clouds, bats, cranes and dragons holding a pagoda
Qianlong period
Robe length: 143cm
Shoulder width: 132cm
Cuff width: 51cm
Qing Court collection

直领，对襟，袖与衣身一体，衣长及足。内衬绿暗花云纹纱里。衣体宽大，分前后两片，上连下断。领口钉白素绸系带二条。领镶青纱绣平金夔龙缠枝牡丹菊花纹宽边，下缀青纱绣海水江崖龙虎纹飘带。衣两侧从里至外依次镶绿纱平金绣戬云纹宽边、青纱绣缠枝菊纹宽边及月白纱地平金夔龙纹边。下摆镶边前后地同纹异，前为绿纱绣云鹤纹宽边，后为绿纱平金绣缠枝牡丹、菊花及八卦、磬纹宽边。其衬里右侧钤有"静宜园"墨印一方，右侧钤篆体朱印"升平署图记"一方。

衣身正面绣海水江崖云龙纹，两肩为团龙纹，下幅左右各为升龙。背后上部平金绣龙捧塔连珠纹样，下绣道教"五岳真形图"，间饰八宝、云蝠纹。下幅为海水江崖纹。

此衣形制特异，装饰繁复豪华，纹饰多样，用色丰富，做工极精致，体现了清中期宫廷戏衣制作的高超水平。从钤印可知，此衣曾为升平署所有，并在静宜园演出时用。

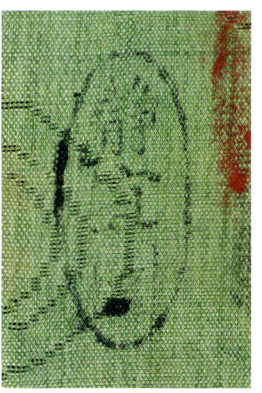
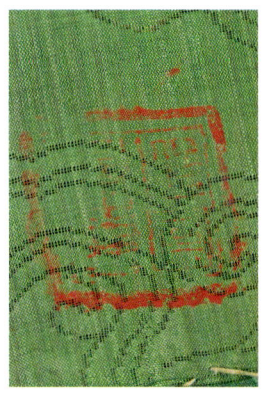

93

彩缎绣平金花蝶双喜纹八仙衣——吕洞宾

清光绪
身长153厘米　两袖通长217厘米
下摆宽110厘米
清宫旧藏

Immortal Lü Dongbin's dress of multicolored satin embroidered with gold thread flowers, butterflies and words of double happiness

Guangxu period
Dress length: 153cm
Cuff to cuff: 217cm
Hemline: 110cm
Qing Court collection

大领，斜襟右衽，阔袖宽身，缀湖色绸水袖，裾左右开，衣长及足，衬粉红素布里。右腋下钉青缎系带二条。以蓝、粉、黄三色缎呈长方形拼成地子，领、襟、袖口、衣身两侧及下摆镶白缎平金双"喜"字花卉纹宽边。主体纹饰为后背正中绣背负宝剑，手舞拂尘的吕洞宾。平金菱镜形圈边。其他部位则绣牡丹、荷花、梅花、玉兰、石榴花及茶花等折枝花卉，点缀以双"喜"字及蝴蝶纹。系带上黄条墨书"色累夹金绣喜字八仙衣一件"。

此衣专用于八仙之吕洞宾，八仙指道教八位神仙：吕洞宾、张果老、铁拐李、汉钟离、曹国舅、韩湘子、蓝采和、荷仙姑。以八仙为题材的戏曲多与祝寿有关，清宫之中每逢皇太后、皇帝万寿节，必演《群仙祝寿》、《八仙庆寿》、《八洞神仙》等戏。

94

香色缎绣平金云蝠双喜纹八仙衣
——张果老
清光绪
身长153厘米 两袖通长217厘米
下摆宽108厘米
清宫旧藏

Immortal Zhang Guolao's dress of satin embroidered with bat-cloud medallions and gold thread words of double happiness
Guangxu period
Dress length: 153cm
Cuff to cuff: 217cm
Hemline: 108cm
Qing Court collection

形制如前，领、襟、袖口、衣身两侧及下摆镶青缎平金双喜字缠枝牡丹纹宽边，其领、襟为直边，余皆为曲边。主体图纹为后背所绣持渔鼓而立的张果老。平金菱镜形圈边。其他部位平金绣双"喜"字云蝠纹，间饰平金双"喜"字、彩云、红蝠纹。

此衣采用蓝、月白、白、红、粉红、墨绿、绿、水绿、水粉等多色丝线，运用了平金、缠针、套针、平针等多种刺绣针法制作而成。图案自然生动，造型精美，体现了清宫戏衣高超的制作水平。专用于神话剧中八仙之张果老。

95

青缎绣平金葫芦圆寿纹八仙衣——
铁拐李
清光绪
身长87.5厘米 两袖通长183厘米
下摆宽87.5厘米
清宫旧藏

Immortal Li Tieguai's dress of black satin embroidered with calabash and gold thread words of longevity

Guangxu period
Dress length: 87.5cm
Cuff to cuff: 183cm
Hemline: 87.5cm
Qing Court collection

敞领，阔袖，缀湖色绸水袖，衣长及胯，衬粉红素布里。前部附浅粉绫质"塑形肚囊"。胸、两袖及下摆镶白缎平金云蝠回纹曲边，唯前摆为如意头曲边。衣身左右两侧缀黄缎绣青色虎皮纹短侉子，腰间缀以玫瑰紫暗花绸纹腰巾。主体纹样为后背正中绣拄铁拐，举葫芦，踏云而行的铁拐李。周身平金绣团"寿"字及葫芦纹。

此衣专用于神话剧中八仙之铁拐李。

96

红缎绣平金团"寿"花蝠纹八仙衣——汉钟离

清光绪
身长147厘米 两袖通长208厘米
下摆宽106厘米
清宫旧藏

Immortal Han Zhongli's dress of red satin embroidered with flowers, bats and gold thread words of longevity

Guangxu period
Dress length: 147cm
Cuff to cuff: 208cm
Hemline: 106cm
Qing Court collection

琵琶形领，阔袖缀水袖，裾左右开。附塑形肚囊。腰缀湖蓝色暗花绸走水，下垂盘长结飘带。左右两侧钉白绫画叶脉纹胯子，周身镶蓝缎绣平金团鹤葫芦纹曲水形宽边。主体纹样为后背正中绣汉钟离手摇折扇立像。其余部位绣折枝花卉、平金团"寿"字及云蝠纹。

此衣专用于神话剧中八仙之汉钟离。

97

绛色缎绣平金团龙云蝠双喜纹八仙衣——曹国舅
清光绪
身长142.5厘米　两袖通长208厘米
下摆宽99厘米
清宫旧藏

Immortal Cao Guojiu's dress of satin embroidered with clouds, bats and gold thread dragons and words of double happiness

Dress length: 142.5cm
Cuff to cuff: 208cm
Hemline: 99cm
Qing Court collection

圆领，大襟右衽，宽身阔袖，缀月白绸水袖，左右开裾，腋下缀摆，衣长及足。衬粉红素布里。以蓝缎钉宽边，上平金绣长"寿"字、双"喜"字、云蝠以及佛家的轮、螺、伞、盖等八宝纹。主体纹饰为后背彩绣着官服、持阴阳板的曹国舅形象。平金菱镜形圈边。周身分布平金龙纹九团，间饰平金双"喜"字、暗八仙和云蝠纹。附纸笺墨书"色累夹金绢喜子八仙衣一件"。

此衣专用于神话剧中八仙之曹国舅，款式与《穿戴题纲》记载吻合。在八仙中，唯曹国舅一人官服装扮，与其他七仙的布衣隐士装扮迥然有别。但在清宫节令戏《仙圆》中，曹国舅则改为头戴仙巾，身穿仙衣。

98

粉色缎绣平金花竹双喜纹八仙衣——蓝采和

清光绪
身长95厘米 两袖通长179厘米
下摆宽85厘米
清宫旧藏

Immortal Lan Caihe's dress of satin embroidered with flowers, bamboos and gold thread words of double happiness
Guangxu period
Dress length: 95cm
Cuff to cuff: 179cm
Hemline: 85cm
Qing Court collection

大领，斜襟右衽，宽身阔袖，缀月白绸水袖，衣长过胯。缀绿曲水皮球花纹暗花绸腰饰，高低双层状如走水。领、袖、衣边以宝蓝缎饰缘，呈曲状，上平金绣双"喜"字和花篮，间隔排列。后身为主体纹样，钉缀彩绣人物蓝采和，貌如少年，蓬头，上穿绿绣花彩莲衣，下着藕荷色彩裤，肩荷锄，手携篮。人物周围点缀寿石、灵芝、翠竹、梅花，用平金线菱镜形圈边。周身绣花篮，点缀双"喜"字和蝴蝶纹。

此衣专用于神话剧中八仙之蓝采和。八仙各持宝物，望物即可辨主。蓝采和持物为花篮，因而仙衣周身重点渲染各式花篮。

99

雪青缎绣兰蝶纹八仙衣——韩湘子
清光绪
身长147厘米 两袖通长202厘米
下摆宽115厘米
清宫旧藏

Immortal Han Xiangzi's dress of lilac satin embroidered with orchids and butterflies
Guangxu period
Dress length: 147cm
Cuff to cuff: 202cm
Hemline: 115cm
Qing Court collection

大领，斜襟右衽，宽身阔袖，缀月白绸水袖，身两侧开裾至腋下，衣长及足。用宝蓝缎饰缘，呈曲状，上平金绣团鹤、蝙蝠、葫芦勾藤纹。后背缀绣主体纹饰韩湘子，上穿红色兰花纹采莲衣，下着水绿彩裤，腰系品蓝汗巾，足蹬云头鞋，握笛横吹，踏云而来。周身其他部位彩绣兰花、翠竹、桃实、灵芝和蝴蝶纹样。

此衣专用于神话剧中八仙之韩湘子。韩湘子所穿仙衣的颜色，清时也有变化，完全依皇帝喜好而定。造办处活计档记载：雍正元年"七月十四日 太监高宝等交来八件八仙绣衣"，当时所交韩湘子绣衣为石青色，同月二十九日"太监施良栋传旨 将韩湘子衣另换做香色……呈览后准时再做"，由此而见皇帝的喜好和重视。

100

桃红缎绣荷鸟纹八仙衣——何仙姑

清光绪
身长131.5厘米　两袖通长207厘米
袖宽51.7厘米
清宫旧藏

Female Immortal He Xiangu's dress of peach red satin embroidered with lotus and bird design
Guangxu period
Dress length: 131.5cm
Cuff to cuff: 207cm
Hemline: 51.7cm
Qing Court collection

大领，斜襟右衽，宽身阔袖，缀月白绸水袖，上衣下裳相连，腰下缀缎绣飘带数条。领、袖边以玫瑰紫缎缘饰，上绣平金曲水和皮球花纹，袖边呈曲状。上衣绣六团鹭鸶荷花纹，以金线圈边。周围金线做规则排列的方格纹，内填兰花和十字花。腰部饰革带，上平金绣双"喜"和环钱纹，革带下缀双层如意状腰饰，上层各色缎累叠，彩绘花蝶纹；下层白缎打裥，彩绣折枝花鸟，一裥一鸟。环腰缀各色花蝶飘带数条，上绣各式花蝶纹。左右腰际各缀侉子，上绣花篮、荷花纹。下裳前后正中缀如意头形宽飘带，前为蝠衔铜钱和桃实纹，寓"福在眼前"、"福寿"之意；后为鹤衔灵芝，寓意"灵仙祝寿"。飘带下缀五彩网穗。

此衣专用于神话剧中八仙之何仙姑，很多地方借鉴了宫衣的特点。何仙姑是八仙中唯一女仙，其服装并不固定，装扮时以突出女性柔美为主。由于八仙衣在京剧剧目中使用范围较小，当衣箱中无八仙专用服装时，可用与八仙衣颜色、款式相近的服装代替，何仙姑则可用宫衣或色帔来替代。

101

拼各色缎菱形纹道姑衣
清乾隆
身长119厘米 两袖通长208厘米
下摆宽98厘米
清宫旧藏

Taoist nun's dress made of multicolored satins with diamond pattern
Qianlong period
Dress length: 119cm
Cuff to cuff: 208cm
Hemline: 98cm
Qing Court collection

直领,对襟,宽身阔袖,裾左右开,衣长及足,内衬白素绸里。领口镶青缎绣串枝梅纹边,下钉青缎系带二条。以拼菱形青、浅黄及月白三色缎组成衣身。领里钤楷体阳文墨印"同春"、"长春"、"仁合"、"南府内头学记",并墨书"女豆沙水田衣"。

此衣形制规整,制作精良,是戏曲演出中道姑、尼姑所着之身份装。因缎料色彩互相交错,形如水田,又名水田衣。据《穿戴题纲》记载,昆曲《玉簪记》之《促试》、《秋江》唱段中女尼陈妙常即穿着此类戏装。

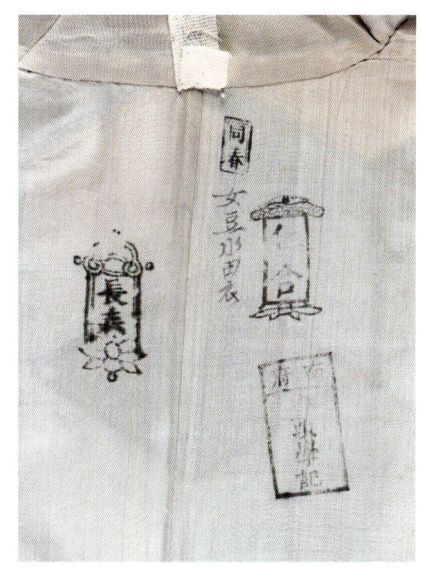

104

缎地锦群纹道姑背心
清光绪
身长117厘米　肩宽46厘米
下摆宽92厘米

Taoist nun's satin vest with varying designs in colors
Guangxu period
Vest length: 117cm
Shoulder width: 46cm
Hemline: 92cm
Qing Court collection

直领，对襟，裾左右开。衬栗青色麻布里。领镶湖色暗花绫，内外缘镶里缎边一道，钉黑缎扣袢一对。通身采用各色丝线织成方格水田纹，在方格内填葫芦、水纹、铃杵、钱纹、"卍"字、折枝牡丹、锁子纹，组成锦群纹饰。

此衣为清宫昆曲《玉簪记》之《琴挑》选段中女尼陈妙常穿用。

107

黄缎绣折枝勾莲"佛"字纹佛衣
清光绪
身长147厘米 两袖通长205厘米
下摆宽104厘米
清宫旧藏

Buddha's clothes of yellow satin embroidered with delineated lotus and "Fo" (Buddha)
Guangxu period
Clothes length: 147cm
Cuff to cuff: 205cm
Hemline: 104cm
Qing Court collection

大领,斜襟右衽,宽身阔袖,左右开裾高至腋下,衣长及足,粉红色麻布衬里。缀高低双层异色暗花绸腰饰。衣身及袖口以品蓝缎缘边,呈曲状,上平金绣龟背、网纹、"卍"字、勾连云等二方连续纹。在平金纹样上以四合如意形状开光,内绣红色盘长纹。

衣身彩绣粉红和宝蓝两色莲花,以平金太极纹样为花芯,莲瓣采用三晕色,使色彩过渡自然。粉红、宝蓝两色加之金色花芯,在黄缎地的衬托下,莲花分外突出。花外散绣红色佛字,昭示此衣穿者在剧中的身份。

清宫连台大戏《劝善金科》中,如来佛祖即内穿蟒,外罩佛衣。

108

拼各色锦缎绣六团花卉纹罗汉衣
清乾隆
身长85厘米 两袖通长220厘米
下摆宽102厘米
清宫旧藏

Arhat's clothes patched up with multicolored brocades embroidered with round patches of floral design
Qianlong period
Clothes length: 85cm
Cuff to cuff: 220cm
Hemline: 102cm
Qing Court collection

大领，斜襟右衽，阔袖，衣长及胯，衬粉红暗花绸里。右腋下钉系带二条。领、襟、袖口及前后下摆镶红地曲水"卍"字朵花"喜相逢"纹锦边。衣身于前胸、后背、两肩、两袖后缀绣花卉团补各一，其中前胸团花已佚。其补为深蓝缎地，上彩绣牡丹、菊花、百合、桂花、石竹、海棠、灵芝、月季等四季花卉纹。

此衣运用了戗针、缠针、桂花针、套针、打籽等多种刺绣针法，用料讲究，制作精良，装饰华美，体现了清宫戏衣不惜工本之特点。罗汉衣属于专用戏衣类，为扮演神话剧中之佛教"十八罗汉"所服用。人物扮相时，腰系丝绦，颈挂佛珠，外披袈裟。

109

绿色锦绣云蝠金龙纹罗汉衣
清乾隆
身长85.5厘米 两袖通长220厘米
下摆宽96厘米
清宫旧藏

Arhat's clothes of green brocade embroidered with clouds, bats and gold dragons
Qianlong period
Clothes length: 85.5cm
Cuff to cuff: 220cm
Hemline: 96cm
Qing Court collection

大领，斜襟右衽，阔袖，衣长及胯，粉红暗花绸衬里。领、袖、衣边以10厘米宽浅粉色曲水折枝花卉锦缘边。衣身彩绣五色祥云，外用金线圈边，云间蝙蝠飞舞。两袖各绣平金二龙戏珠，龙长与袖宽相近。身及两袖用水粉双股绒线加金线钉饰成如意头纹样，前后身两袖如意头各一，形成"四合如意"纹饰。内里墨书"官"字。

110

粉色簟纹锦绣龙凤纹罗汉衣
清乾隆
身长85厘米 两袖通长222厘米 下摆宽100厘米
清宫旧藏

Arhat's clothes of pink brocade embroidered with Kui-dragon and phoenix design
Qianlong period
Clothes length: 85cm
Cuff to cuff: 222cm
Hemline: 100cm
Qing Court collection

大领，斜襟右衽，阔袖，衣长及胯，衬粉红暗花绸里。周身镶浅黄地锦折枝花果云蝠纹宽边。衣身以彩色丝线绣夔龙、夔凤纹，两肩绣夔龙纹，两袖及下摆前后绣夔凤纹。

此衣锦面织造精致，绣工针脚齐整，色彩艳丽，呈现出锦上添花之美。为清宫"南府"戏班演出昆曲《罗汉渡海》中扮相罗汉所穿用。

111

缂丝明黄地博古勾莲夔龙凤纹袈裟
清乾隆
长260厘米 宽97厘米
清宫旧藏

Bright yellow silk tapestry kasaya with antiques, delineated lotus, Kui-dragon and phoenix
Qianlong period
Kasaya length: 260cm
Kasaya width: 97cm
Qing Court collection

长方形，衣身右有褶，内衬粉红素绸里。其上边正中及左右上角缀铜钩各一，右下方钉粉色绸质系带一根，边镶红缎地窄边一道。衣身整体分成多个方格纹，方格内饰四大天王、博古纹、龙戏珠、莲花灯笼、凤戏牡丹、狮团、海马、八宝、鲤鱼跃龙门等图纹，方格纹间装饰以夔龙、夔凤及五彩勾莲纹。

此衣用色丰富、润色自然，色彩艳丽，装饰华美，做工精致。袈裟属专用类戏衣，为戏曲演出中佛教高僧所服之身份装。

112

月白缎绣兰蝶纹排穗女仙衣
清光绪
身长109厘米 两袖通长191厘米
下摆宽92厘米
清宫旧藏

Female immortal's dress of bluish white satin embroidered with orchids and butterflies; fringed with tassels
Guangxu period
Dress length: 109cm
Cuff to cuff: 191cm
Hemline: 92cm
Qing Court collection

大领，斜襟右衽，宽身阔袖，缀白布水袖，左右开裾，衣长过臀。衣、袖曲边，袖口在石青缎边外，再添黄、月白、红、白、绿五道缘饰，并用织金缎滚边，五色缘边夹以五道金边。双腋下缀侉子，衣下摆缀藕荷色网穗。衣周边以石青色缎缘饰，缎边间绣各色串枝花朵和平金盘长纹。侉子边上缀以带翎眼孔雀羽。

衣上绣十簇兰花为主体图纹，周围散布小花小叶的朵兰及蝴蝶。兰花墨绣，金线围边。舞蝶虽彩绣，仍以墨色为主，仅在蝶翅上施以藕荷、杏黄、草绿色线。

女仙衣多为清代宫廷戏曲中仙姑、仙女穿用。

113

绿绸绣平金菊蝶团寿纹女仙衣
清光绪
身长115厘米 两袖通长165厘米
下摆宽94厘米
清宫旧藏

Female immortal's dress of green silk embroidered with chrysanthemums, butterflies and gold thread words of longevity
Guangxu period
Dress length: 115cm
Cuff to cuff: 165cm
Hemline: 94cm
Qing Court collection

大领，斜襟右衽，宽身阔袖，缀湖色绸水袖，裾左右开，衣长过腰，衬红色素绸里。右腋下钉月白缎系带二条，领、襟、两袖口、衣身两侧及前后下摆镶白缎平金曲水"卍"地百蝶纹边，其中领、襟为直边，余皆为曲水边。大襟之系带上拴浅粉绸带，上墨书"绿色绸绣花女仙衣壹件"。

衣身彩绣折枝菊、蝶纹样，其前胸、后背菊花较大，其余部位为单束小型折枝菊、蝶纹。平金团"寿"字点缀其间，所有纹样均左右对称。用色丰富自然，针法多样，绣工精细。

114

粉江绸绣平金梅蝶团寿纹女仙衣
清光绪
身长116厘米 两袖通长163厘米
下摆宽91厘米
清宫旧藏

Female immortal's dress of pink silk embroidered with plum blossoms, butterflies and gold thread words of longevity
Guangxu period
Dress length: 116cm
Cuff to cuff: 163cm
Hemline: 91cm
Qing Court collection

大领，斜襟右衽，宽身阔袖，缀湖色绸水袖，裾左右开，衣长过腰，衬月白素绸里。腋下钉粉色暗花绸带两条，周身镶蓝缎平金斜方地蝙蝠纹曲边，腋下呈如意云头状。衣身绣折枝梅花，间饰彩蝶及平金团"寿"字。

115

红缎绣梅鹊竹纹花神衣——一月
清光绪
身长145厘米 两袖通长208厘米
下摆宽104厘米
清宫旧藏

January-Flora's dress of red satin embroidered with magpies, plum blossoms and bamboos
Guangxu period
Dress length: 145cm
Cuff to cuff: 208cm
Hemline: 104cm
Qing Court collection

大领，斜襟右衽，宽身阔袖，缀湖色绸水袖，裾左右开，衣长及足，衬粉红素布里。领、襟、袖口、衣身两侧及下摆镶蓝缎平金梅鹊竹纹宽边，领为直边，其余为曲边。通身绣折枝梅花，点缀以竹枝、喜鹊，有"喜上眉梢"等吉祥意。右腋下有系带二条，上拴黄条，正面墨书"包头累加工金夹绣药神衣壹件"，背书"正月分"。

此衣用色有蓝、月白、绿、水绿、青、藕荷等，运用了平金、缠针、平针、戗针、松针、接针等多种刺绣技术，润色丰富，绣工细腻精湛。

花神衣属专用衣，为戏中花神穿用，一套十二件，代表十二个月之不同花神的装扮。据载，民间戏班小张班所用十二月花神衣有"价至万金"之说，足见此类戏装造价之昂贵。

116

红缎绣平金兰花纹花神衣——二月
清光绪
身长147厘米 两袖通长206厘米
下摆宽103厘米
清宫旧藏

February-Flora's dress of red satin embroidered with orchids and gold thread words of longevity
Guangxu period
Dress length: 147cm
Cuff to cuff: 206cm
Hemline: 103cm
Qing Court collection

形制如前，衬粉红素布里。领、襟、两袖口、衣身两侧及下摆镶蓝缎平金曲水"卍"字百蝶纹宽边，其中衣领为直边，余皆为曲边。通身绣兰花纹，四周点缀以平金团"寿"字。

此衣采用绿、蓝、月白、白、青等各色丝线，运用了平金、缠针、戗针、套针等多种针法制成，色彩光艳，富丽堂皇。

据《开团场题纲》所记，清代宫中演一刻三分的团场戏《万花献瑞》，十二月花神下，列有扮戏人名十二位，可见每月花神由一人扮演，月月花神各不相同。

117

香色缎绣桃花蝙蝠纹花神衣——三月
清光绪
身长118厘米 两袖通长177厘米
下摆宽95厘米
清宫旧藏

March-Flora's dress of greenish yellow satin embroidered with peach blossoms and bats
Guangxu period
Dress length: 118cm
Cuff to cuff: 177cm
Hemline: 95cm
Qing Court collection

圆领，大襟右衽，阔袖宽身，裾左右开，衣长及足，衬粉红素布里。领及右腋下钉香色缎系带各二条，领口、袖口、大襟、衣身侧及下摆镶蓝缎平金云蝠盘长纹边，其中两袖口、衣身左侧及下摆为曲边，余皆为直边。衣身前胸、后背、两肩、两袖后及下摆前后绣大型折枝桃花纹，以平金八角纹圈边。四周又饰小型彩绣折枝桃花、蝙蝠及平金"寿"字。领上缎质系带拴黄签墨书"色头累加二金夹绣女花神衣壹件"。

此衣用色有绿、浅绿、红、粉红、水粉、玫瑰紫、白、深蓝、蓝、月白、青、浅黄等十余种，采用平金、缠针、戗针、平针、十字针、松针、接针等针法绣制而成，配色丰富，针脚匀齐，绣工精湛。

118

品蓝缎绣平金牡丹花蝶纹花神衣
——四月

清光绪
身长146厘米 两袖通长208厘米
下摆宽105厘米
清宫旧藏

April-Flora's dress of reddish blue satin embroidered with peony and butterfly design and gold thread words of longevity

Guangxu period
Dress length: 146cm
Cuff to cuff: 208cm
Hemline: 105cm
Qing Court collection

大领，斜襟右衽，宽身阔袖，缀湖色绸水袖，裾左右开，衣长及足，衬粉红素布里。右腋下钉品蓝缎系带二条，领、襟、袖口、衣身两侧及下摆镶以雪青缎平金葫芦、桃纹宽边，其中衣领、襟及衣身两侧为直边，余皆为曲边。

衣身前胸、后背、两肩、两袖后、下摆前后之左右各绣以大型团牡丹花纹，其间又饰以小型折枝牡丹、蝶、八宝、菊纹，平金长"寿"字点缀其间。

119

玫瑰紫缎绣平金石榴花蝶纹花神衣——五月

清光绪
身长148厘米 两袖通长199厘米
下摆宽123厘米
清宫旧藏

May-Flora's dress of rose purple satin embroidered with gold thread pomegranate flowers and butterflies
Guangxu period
Dress length: 148cm
Cuff to cuff: 199cm
Hemline: 123cm
Qing Court collection

圆领，大襟右衽，阔袖宽身，缀月白绸水袖，裙左右开，衣长及足，衬粉红素布里。领、袖、衣边则用品蓝缎缘饰，上平金绣云蝠纹，云蝠中杂以法螺、法轮、宝伞、宝盖、莲花、宝罐、金鱼、盘长等八宝纹。衣身纹样为十团折枝石榴花果，外用八枚如意头形状纹样相连成菱花形。团花间饰蝴蝶和皮球花纹。

整衣在颜色处理上，追求反差，强调对比，玫瑰紫与品蓝形成强烈的明度对比，加之大面积采用金线，表现出明快和艳丽。

120

果绿缎绣荷花纹花神衣——六月
清光绪
身长146厘米 两袖通长202厘米
下摆宽102厘米
清宫旧藏

June-Flora's dress of apple green satin embroidered with lotus design
Guangxu period
Dress length: 146cm
Cuff to cuff: 202cm
Hemline: 102cm
Qing Court collection

大领，斜襟右衽，宽身阔袖，缀月白绸水袖，裾左右开，衣长及足。缀高低双色暗花绸腰饰。领、袖、衣边白缎缘饰，呈曲状。缘边上平金绣网纹、龟背、曲水、勾云四种纹样，在纹样相交处，用品蓝缎绣出开光，内绣红色盘长纹。

衣身绣十簇寿石莲花及莲实，周围以平金绣犀角、盘长等杂宝纹。采用金、彩相交的绣法。花、石彩绣，叶、茎平金。金彩辉映，相得益彰。

121

藕荷缎绣平金海棠花蝶纹花神衣——七月

清光绪
身长148厘米 两袖通长206厘米
下摆宽108厘米
清宫旧藏

July-Flora's dress of pinkish purple satin embroidered with begonias, butterflies and gold thread words double happiness
Guangxu period
Dress length: 148cm
Cuff to cuff: 206cm
Hemline: 108cm
Qing Court collection

直领，对襟，阔袖，缀月白绸水袖，衣两侧开裾至腋下，衣长及足，粉红色麻布衬里。领、袖、衣边以白缎缘曲边，领底和前摆装饰成如意头形状，上下相对。白缎边上彩绣折枝海棠和串蔓葫芦，以藤蔓的曲折伸展使花纹相连，花间平金绣双"喜"字。衣身主体纹样为十团串枝海棠花，在绿叶配衬下，花开各色，花外平金圈边。团花之外，散绣彩蝶和平金双"喜"字。

清代中秋承应《草木衔恩》，是二十出的大戏，其中第十九出"欣瞻景运驾星轺"、第二十出"共庆清秋呈艳舞"，皆为十二花神同台出场，立于戏台仙楼。

122

绿缎绣桂花玉兔纹花神衣——八月
清光绪
身长114厘米 两袖通长186厘米
下摆宽91厘米
清宫旧藏

August-Flora's dress of green satin embroidered with rabbits and sweet osmanthus
Guangxu period
Dress length: 114cm
Cuff to cuff: 186cm
Hemline: 91cm
Qing Court collection

立领，对襟，宽身阔袖，缀月白绸水袖，左右开裾至腋下，衣长过腰，粉红色麻布衬里。领、袖、衣以白缎缘边，呈曲状，领口缘饰形如小圆翻领，在腋下开裾处，缘边则装饰成如意形，并用雪青缎滚边。缘边上彩绣折枝桂花、佛手、瓜瓞纹，另用平金绣如意纹间隔点缀。

衣身主体纹样主要由玉兔和桂花组成，以突出八月节令的月桂主题，玉兔或卧或立，或跑或跃，外用平金如意形圈边，对称排列。玉兔周围，则散绣折枝桂花纹。

123

酱紫色缎绣菊蝶纹花神衣——九月
清光绪
身长154厘米　两袖通长205厘米
下摆宽101厘米
清宫旧藏

September-Flora's dress of dark brown red satin embroidered with chrysanthemums and butterflies
Guangxu period
Dress length: 154cm
Cuff to cuff: 205cm
Hemline: 101cm
Qing Court collection

大领，斜襟右衽，阔袖，缀月白绸水袖，裾左右开，衣长及足，衬红素绸里。腋下钉素缎带两条，衣周边镶白缎绣葫芦纹，平金球纹曲边一道，内缘滚月白缎窄边。衣身主体纹样为四只蝴蝶围绕成团花，内绣菊花绽放。团花之外，折枝菊花、佛手、杂宝纹点缀其间。

九月为秋，正是菊花开放的季节，故九月以菊花为象征。在昆曲《游园·惊梦》中扮演九月花神者，即穿用此衣。

124

月白缎绣月季花纹花神衣——十月
清光绪
身长112厘米　两袖通长198厘米
下摆宽90厘米
清宫旧藏

October-Flora's dress of bluish white blue satin embroidered with Chinese rose
Guangxu period
Dress length: 112cm
Cuff to cuff: 198cm
Hemline: 90cm
Qing Court collection

直领，对襟，阔袖，裾左右开，衬粉色素绸里。胸前素缎带两条，周身以白缎绣折枝花卉、蝴蝶等纹饰为镶曲边，内缘滚玫瑰边一道。衣身以散点式绣折枝月季花，间饰彩蝶，平金双环纹。构图左右对称形。

125

红缎绣平金万年青鸳鸯纹花神衣
——十一月

清光绪
身长91厘米 两袖通长180厘米
下摆宽95厘米
清宫旧藏

November-Flora's dress of red satin embroidered with evergreens and mandarin ducks

Guangxu period
Dress length: 91cm
Cuff to cuff: 180cm
Hemline: 95cm
Qing Court collection

大领,斜襟右衽,宽身阔袖,缀月白绸水袖,裾左右开。衬粉红麻布里。领、襟、袖及下摆缘滚蓝缎宽边一道,上平金绣云蝠、天竺花纹。衣身以各种彩色丝线,运用多种针法绣万年青和鸳鸯纹十团,前胸、后背,两肩及袖后各一团,下摆前后各两团。外平金绣菱花形圈边。团花四周以蝙蝠、小团万年青纹点缀。

126

月白绸绣梅蝶纹花神衣——十二月
清光绪
身长148厘米 两袖通长202厘米
下摆宽110厘米
清宫旧藏

December-Flora's dress of bluish white silk embroidered with plum and butterfly design
Guangxu period
Dress length: 148cm
Cuff to cuff: 202cm
Hemline: 110cm
Qing Court collection

大领，斜襟右衽，宽身阔袖，缀月白绸水袖，裾左右开。衬粉红素绸里。周身镶白缎绣葫芦勾藤、盘长等图纹曲边。衣身通体绣梅花、蝴蝶纹样，前胸、后背、两肩、两袖后各为一束折枝梅花，下摆前后各两束，彩蝶、平金球纹点缀其间。

127

绿暗花绸绣和合二仙衣
清光绪
身长126厘米　两袖通长196厘米
下摆宽104厘米
清宫旧藏

The He-He-Immortals' dress of green veiled silk with embroidered design
Guangxu period
Dress length: 126cm
Cuff to cuff: 196cm
Hemline: 104cm
Qing Court collection

倒琵琶形圆领，对襟，宽身阔袖，缀湖色绸水袖，裾左右开，身长及足，内衬粉红素绸里。其前胸处钉绿暗花绸系带两条，领口、前襟、两袖口、衣身两侧与前后身下摆镶雪青缎平金绣四合如意"卍"字团暗八仙蝠寿纹宽边。腰下左右钉缀绿暗花绸平金叶纹侉子，其上端围腰一圈又钉黄暗花绸腰带二条。衣身平金绣荷花及蝶、鹊纹，纹样左右对称分布，衣之后背为《喜鹊登梅图》。有"和合二仙"、"喜上眉梢"之寓意。

此衣用色有金、蓝、月白、墨绿、绿、白、浅绿、水绿、雪灰、红、粉、水粉、藕荷、雪青、香等，运用了平金、缠针、线针、平针、套针、松针、打籽针等多种针法绣制而成。纹样生动鲜丽，润色丰富，制作精良，是清晚期宫廷戏衣的代表作品之一。

旧时民间信奉"和合"二圣为掌管结婚之喜神，和合二仙衣则成为专用服装。宫中元旦节令戏《喜朝五位》中，和合二仙即穿此衣。

149

128

红缎绣平金云龙纹福星衣
清光绪
身长143厘米　两袖通长208厘米
下摆宽111厘米
清宫旧藏

Lucky-god's dress of red satin embroidered with ten gold thread dragon-cloud medallions
Guangxu period
Dress length: 143cm
Cuff to cuff: 208cm
Hemline: 111cm
Qing Court collection

圆领，大襟右衽，宽身阔袖，缀湖色绸水袖，身长及足，衬粉红素布里。领口及右腋下钉红缎系带各二条，领口、两袖口、大襟及前后下摆镶蓝缎平金回纹云鹤纹边。腰部钉绿暗花绸绣百蝶纹飘带，下缀拼绿、白缎平金绣二龙戏珠云蝠与"海屋添筹"纹带绿色丝穗如意形飘带。后领内里钤长方形墨印"钟斯衍庆"。

衣身之前胸、后背、两肩、两袖后及前后下摆左右平金绣龙纹十团，团纹四周间饰平金杂宝蝠纹，下幅为海水江崖纹。整件戏衣色彩鲜明，装饰繁缛，体现了清宫戏衣的鲜明特色。

福星衣属专用衣类，是神话剧中福、禄、寿、喜、财之"福星"所服之衣。

129

月白地锦绣牡丹纹禄星衣
清乾隆
身长139厘米 两袖通长208.7厘米
下摆宽91厘米
清宫旧藏

High-salaried-god's dress of bluish white brocade embroidered with ten peony medallions
Qianlong period
Dress length: 139cm
Cuff to cuff: 208.7cm
Hemline: 91cm
Qing Court collection

大领，白绫托领，斜襟右衽，腋下钉白绫带两条。衣身以月白地四合团寿纹锦为地，上以各色丝线，运用多种针法绣牡丹纹十团。牡丹有富贵花之誉，与"禄星"所掌"富贵"之职吻合。

此锦料为康熙年间苏州织造局的仿宋锦，乾隆年间由苏州织造局绣制成衣。设色艳丽淡雅，绣工精致，针脚匀齐。

禄星衣属专用衣类，是神话剧中"禄星"所服之衣。清代皇帝大婚承应戏《列宿遥临》中扮演禄星者服用。

130

黄缎绣福寿三多纹寿星衣
清光绪
身长143厘米　两袖通长206厘米
下摆宽102厘米
清宫旧藏

Longevity-god's dress of yellow satin embroidered with 10 medallions of bergamot, bat, peach and pomegranate
Guangxu period
Dress length: 143cm
Cuff to cuff: 206cm
Hemline: 102cm
Qing Court collection

大领，斜襟右衽，宽身阔袖，左右开裾，衣长及足。缀高低双层红暗花绸腰饰，衣边及袖口雪青缎镶边，呈曲状，上绣品蓝色长形"寿"字，字体金线圈边。衣前缀如意形飘带，上部彩绣花篮，内装佛手、石榴、寿桃；下部寿星执杖托桃立于树下，脚下奇花异草，身边蝙蝠环绕。衣身以佛手、石榴、桃、蝙蝠构成十团图案，寓意"多福、多寿、多子"。四周散布品蓝线绣长"寿"字。

寿星衣属专用衣类，是神话剧中"寿星"所服之衣。如清宫连台大戏《封神天榜》的南极仙翁即穿此装。

131

红缎绣平金团凤八宝纹喜神衣
清光绪
身长145厘米 两袖通长209厘米
下摆宽104厘米
清宫旧藏

Happiness-god's dress of red satin embroidered with 10 medallions of gold phoenix and 8-Auspicious motifs
Guangxu period
Dress length: 145cm
Cuff to cuff: 209cm
Hemline: 104cm
Qing Court collection

圆领,大襟右衽,宽身阔袖,缀白布水袖,衣长及足,衬粉红素布里。领及右腋下钉红缎扣袢二对。领口、袖口、大襟及下摆镶青缎平金喜鹊梅枝纹边,前胸缀蓝缎质玉带,腰部钉绿暗花绸飘带,前腰绿飘带下缀蓝缎平金云鹤戟磬纹如意形飘带。

衣身前胸、后背、两肩、两袖后及腰两侧平金绣凤纹,外盘绕八宝纹,共十团。喜鹊、朵云点缀其间。下幅为海水江崖纹,上浮牡丹、"卍"字、蝠、神龟等纹样。

此衣在蟒服的基础上变化而成,图案装饰多含"吉祥"、"吉庆"、"喜庆"等寓意,充分体现了戏曲中"喜神"的含义,是清宫上演神仙剧中"福、禄、寿、喜、财"五神中喜神专用之衣。

132

红缎绣龙聚宝盆纹财神衣
清光绪
身长147厘米　两袖通长216厘米
下摆宽105厘米
清宫旧藏

Wealth-god's dress of red satin embroidered with 10 medallions of gold dragons and treasure bowls
Guangxu period
Dress length: 147cm
Cuff to cuff: 216cm
Hemline: 105cm
Qing Court collection

圆领，大襟右衽，宽身阔袖，缀白布水袖，衣长及足，衬粉红素布里。腋下钉红缎带两对。腰间钉缎盘长飘带，内钉蓝缎平金绣聚宝盆，外缘镶红缎滚边一道。下钉五彩流苏，钉圆形光片。周身镶黑缎平金绣杂宝纹宽边一道。

衣身前胸、后背、两肩、袖后、下幅皆平金绣二龙围绕一聚宝盆，共十团，间饰杂宝、云蝠纹。下摆饰海水江崖纹。

财神衣属专用衣类，是神话剧中"财神"所服之衣，聚宝盆是其象征。

133

香色绉绸缀绣花蝶纹牛郎衣
清光绪
身长60厘米　两袖通长136厘米
下摆宽68厘米
清宫旧藏

Cowherd's jacket of tan crepe silk embroidered with flowers and butterflies
Guangxu period
Dress length: 60cm
Cuff to cuff: 136cm
Hemline: 68cm
Qing Court collection

直领，对襟，阔袖，左右开裾，领周围及衣下摆缀香色丝线排穗，领前钉盘扣和绉绸系带各一。领边以浅湖色暗花江绸镶饰，上绣牡丹花。袖口及衣边以黑缎缘饰，沿缎边缀雪青绦边，缘边上绣串枝花蝶纹。领及衣下摆所缀排穗，形如蓑草，以示牛郎穷苦人身份和劳作之艰辛。

衣身以香色梅竹冰裂纹绉绸为面，上钉缀牡丹、蝴蝶纹，有蝶恋花之意。图纹系先以打籽针法绣成，剪下锁边，再缀于衣。立体感强，构思巧妙。

此衣为戏曲中扮牛郎者所穿，据清宫《昆腔杂戏题纲》记载，《鹊桥》戏中牛郎扮相为：上穿彩莲袄，外披牛郎衣，下穿红花裤。

134

雪青缎绣平金双"喜"字花蝶纹织女衣

清光绪
身长132厘米 两袖通长198厘米
腰宽65厘米
清宫旧藏

Weaver Maid's dress of lilac satin embroidered with floral butterfly design and gold thread words of double happiness

Guangxu period
Dress length: 132cm
Cuff to cuff: 198cm
Hemline: 65cm
Qing Court collection

大领，斜襟右衽，宽身阔袖，缀湖色绸水袖，上衣下裳相连。衣身绣六团表现牛郎织女故事图纹，既有男耕女织、夫妻相敬的情节，又有离散后每年七夕鹊桥相会的情景。在六团纹样之外，绣牵牛花、彩蝶、平金双"喜"字。下裳腰间饰元宝形腰饰，腰前后缀黄、红两色相连如意形飘带，前者饰凤衔磬纹，后饰寿带鸟衔画轴。飘带下缀五彩网穗，腰际两侧缀平金叶纹胯子，环腰缀数条各色飘带。衣裳附纸签墨书"色累夹金绣喜字织女衣一件"。

据《穿戴题纲》记载，织女衣又称舞衣。在昆腔杂戏《鹊桥》中，织女扮相即为：头戴过桥仙姑巾，身穿舞衣。

157

135

红暗花绸绣平金风火轮勾莲纹哪吒衣

清光绪
身长76厘米　两袖通长176厘米
下摆宽81厘米
清宫旧藏

Nezha's jacket of red veiled silk embroidered with gold fiery-wheel and lotus pattern

Guangxu period
Jacket length: 76cm
Cuff to cuff: 176cm
Hemline: 81cm
Qing Court collection

倒琵琶领，对襟，窄袖，裾左右开，衣长及胯，衬月白色麻布里。衣襟钉扣袢三对。领外缘钉缀两层莲瓣，一层为白缎彩绣朵莲纹，一层为杏黄缎彩绣蝠纹。领、袖及裾镶蓝缎平金折枝莲纹，滚白缎边一道，内缘钉织蓝色盘长纹绦边。通身平金绣风火轮纹样及彩色丝线绣折枝莲花纹。

风火轮是哪吒的象征之一，此衣为神话戏剧《鲤鱼仙子》中哪吒扮相穿用。

136

红暗花绸绣平金莲花火珠纹红孩衣
清光绪
身长80厘米 两袖通长162厘米
下摆宽75厘米
清宫旧藏

Red-boy's jacket of red veiled silk embroidered with lotus and gold fiery-pearls
Guangxu period
Jacket length: 80cm
Cuff to cuff: 162cm
Hemline: 75cm
Qing Court collection

倒琵琶领,对襟,窄袖,裾左右开,衣长及胯,衬红素布里。领口及襟钉白缎扣襻二道,领、襟、袖口及衣身前后下摆镶蓝缎平金折枝竹梅团"寿"字宽边。衣身以福寿三多纹暗花绸为地,上平金绣火珠纹,间绣折枝莲花。所有纹样均呈对称分布之态。

整件戏衣色彩鲜明,具有清宫用戏服的特点。是神话剧中的牛魔王之子——红孩儿的专用之衣。

137

绿缎绣平金太极图虎纹仙童衣
清光绪
身长102厘米 两袖通长202厘米
下摆宽89厘米
清宫旧藏

Fairy-boy's dress of green satin embroidered with tigers and Tai Chi Diagram done with gold thread
Guangxu period
Dress length: 102cm
Cuff to cuff: 202cm
Hemline: 89cm
Qing Court collection

大领，斜襟右衽，窄袖，左右开裾，衣长及胯，衬粉红素布里。领口及右腋下钉绿缎系带二条，领、襟、袖口、身左侧及下摆镶白缎平金绣龟背曲水缠枝花蝶纹边。腰部钉红、雪灰暗花绸飘带两道。衣身前胸、后背正中装饰平金《太极图》及虎纹，周身则分饰以虎纹、火焰纹、云蝠纹。图案均呈左右对称分布。

此衣专用于神话剧中的仙童，故名。如在清宫节令演出昆曲单本戏《寿祝万年》中，扮仙童者即穿用此类戏衣。

138

绛色缎绣平金蝶鹤纹鹤童衣
清光绪
身长142厘米 两袖通长195厘米
下摆宽105厘米
清宫旧藏

Crane-boy's dress of crimson satin embroidered with cranes and butterflies done with gold thread
Guangxu period
Dress length: 142cm
Cuff to cuff: 195cm
Hemline: 105cm
Qing Court collection

直领，对襟，宽身阔袖，裾左右开，衣长及足，衬粉红素布里。领口钉白缎系带二条，衣领、肩、襟、衣身两侧及下摆镶白缎平金绣龟背曲水"卍"字缠枝盘长纹如意形边，下摆上缀月白素缎衬摆一块。衣身满绣蝶、鹤纹，姿态各异，左右对称。两袖及腋下为蓝缎，上平金绣"双狮戏球"和云蝠纹。

此衣形制别致，装饰繁缛，属于戏衣中的专用象形衣类，是戏曲演出中扮鹤童者的服装。

139

白缎绣梅鹿纹鹿童衣
清光绪
身长93厘米 两袖通长98厘米
下摆宽89厘米
清宫旧藏

Deer-boy's dress of white satin embroidered with deer-plum blossoms
Guangxu period
Dress length: 93cm
Cuff to cuff: 98cm
Hemline: 89cm
Qing Court collection

大领，斜襟右衽，窄袖，左右开裾，衬粉色麻布里。腋下钉缎绣朵梅纹带两条，周身镶黑缎绣平金网纹曲边一道，衣背后钉缀玫瑰缎绣一梅花鹿，立于一果实累累的桃树之下，回首眺望，周围点缀灵竹及海棠花。其余部位满绣梅花纹。

此衣为清宫节令戏《寿祝万年》中扮相鹿童者穿用。

140

绿绸缀画孔雀羽纹孔雀衣
清光绪
身长89厘米 两袖通长168厘米
下摆宽83厘米
清宫旧藏

Peacock-dress of green silk stitched with painted peacock feathers
Guangxu period
Dress length: 89cm
Cuff to cuff: 168cm
Hemline: 83cm
Qing Court collection

圆领，对襟，窄袖，衣长及胯，粉红色麻布衬里。衣由前后两片组成，两侧与袖下不缝合，以数道钉线连合，衣上缀羽状饰片，下摆缀浅月白素绸高低双层走水。

此衣之孔雀羽，系以绿绸为面，杏黄暗花绸为里，剪成羽形，再将金、白两色纸剪圆后半压错位，钉缀于羽片上，以代翎眼。然后用颜料勾画出羽干及两旁的毛丝，从而达到翎羽效果。为使颜色更为丰富，将缀于领口的翎羽绸面翻转，形成以杏黄色翎羽围以领口的效果。

孔雀衣是宫廷戏曲演出时为模仿孔雀等禽鸟而添置的戏装，属于专用行头。

141

白缎绣平金羽纹鹦鹉衣
清光绪
身长78厘米 两袖通长169厘米
下摆宽86厘米
清宫旧藏

Parrot-dress of white satin embroidered with feather design done with gold thread
Guangxu period
Dress length: 78cm
Cuff to cuff: 169cm
Hemline: 86cm
Qing Court collection

直领，对襟，窄袖，衣长及胯，蓝色麻布衬里。衣由前后两片组成，身两侧与袖下不缝合，以二十道骨纽扣袢连合。领边镶白缎，上绣花蝶纹。衣上覆满羽状绣片，衣下摆缀高低双层黄绸走水和五彩网穗。

衣身以桃红暗花绸为面，缀覆羽状饰片，饰片由白缎剪裁成羽毛状，再用平金针法绣出羽毛纹理，并加以圈边，同时又在每一饰片上，用色线绣翎眼，然后片片叠压，缀满全身。为增添观赏效果，特在羽尖缀以小铃铛。

鹦鹉衣是宫廷特有的戏装，为戏曲演出时模仿鹦鹉等禽鸟而设。

142

红缎绣平金羽纹大鹏衣
清光绪
身长79厘米 两袖通长167厘米
下摆宽84厘米
清宫旧藏

Roc-dress of red satin embroidered with gold thread feather
Guangxu period
Dress length: 79cm
Cuff to cuff: 167cm
Hemline: 84cm
Qing Court collection

直领，对襟，窄袖，衣长及胯，衬月白素布里。衣由前后两片组成，于前襟、两袖底、腋及身侧的白缎绣花蝶纹镶边上钉白缎缀象牙扣袢，将两片相连。衣领镶白缎绣蝶、梅、兰等纹样宽边，宽边里又接三蓝条纹缎边。领口钉红暗花绸系带二条。下摆缀两道黄绸质地走水，上覆丝穗。

此衣以粉红暗花绸曲水百蝠纹为地，上钉缀层层相压的红缎平金羽毛纹片。领口下第二层及下摆处最下层羽毛片上缀有铜镀金錾花小铃铛。

整件戏衣制作繁复，造型别致，手感厚重，装饰华美，体现了清宫戏衣精工细作的鲜明特色。是神话剧中摹拟大鹏鸟形象的服装。

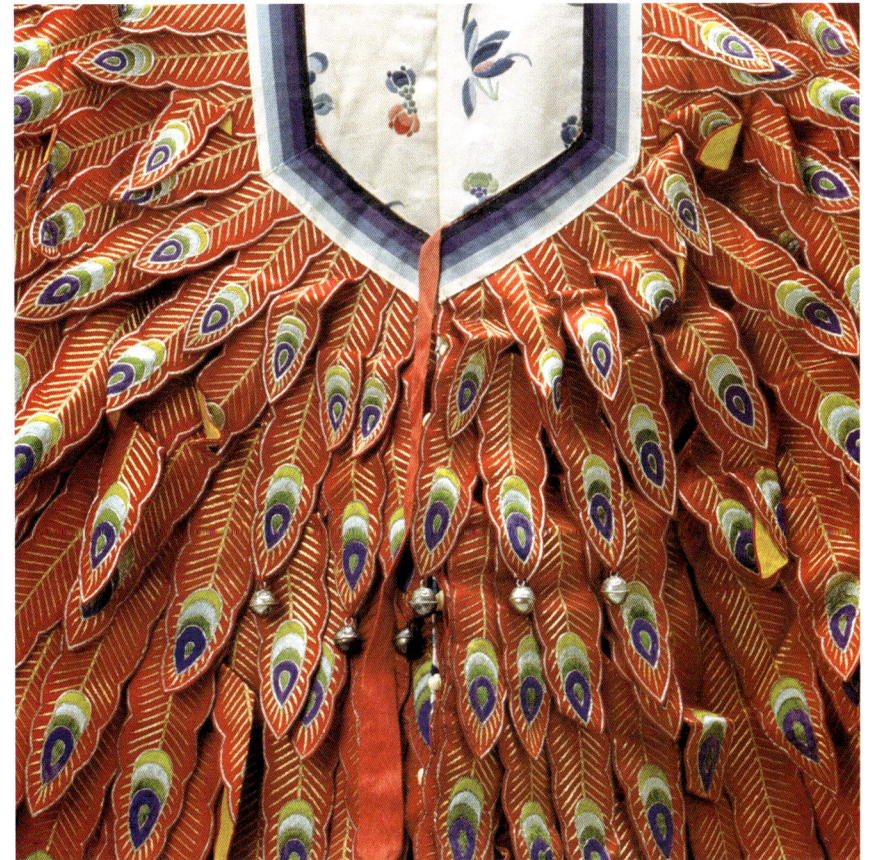

143

青缎绣平金凤竹太极图纹昆仑衣
清光绪
身长145厘米 两袖通长208厘米
下摆宽103厘米
清宫旧藏

Kunlun-dress of black satin embroidered with Tai Chi Diagram, phoenix and gold thread bamboo
Guangxu period
Dress length: 145cm
Cuff to cuff: 208cm
Hemline: 103cm
Qing Court collection

直领，大襟右衽，宽身阔袖，左右开裾，衣长过膝。腰际缀红、黄两色暗花绸走水，周身镶白缎平金曲水勾藤朵花杂宝纹曲边，开裾镶粉缎绣花蝶纹宽边。衣身前胸、后背缀平金太极图及海水江崖纹，两肩、袖后及下摆绣凤凰立于湖石之上，四周衬以修竹。

昆仑衣为神话剧中扮演仙、道等角色时所服用。

144

紫红地锦鱼藻曲水纹姬氏衣
清乾隆
身长135厘米 两袖通长223厘米
下摆宽120厘米
清宫旧藏

Empress Yu Ji's dress of purple red
brocade with waves, fish and waterweed
Qianlong period
Dress length: 135cm
Cuff to cuff: 223cm
Hemline: 120cm
Qing Court collection

大领，斜襟右衽，阔袖，左右开裾，衣长过膝，衬粉红素绸里。领镶绿地锦团喜相逢曲水地纹料，外缘为红织金缎边及钉白绒丝各一道，领、袖、腰间、下摆处镶黑织金缎，钉白缎如意纹边。腋下钉素缎带两条。

衣身织游鱼纹，间饰海螺、水草、莲花等，织造精工，配色艳丽，纹样新颖别致，为苏州仿宋锦所缝制戏衣之稀世珍品。

姬氏衣为特定服装，专为《霸王别姬》中虞姬扮相所用。

145

绿暗花缎绣缠枝莲纹采莲袄
清雍正
身长79厘米 两袖通长129厘米
下摆宽71厘米
清宫旧藏

Female lined-jacket of green satin embroidered with interlocking lotus sprays
Yongzheng period
Jacket length: 79cm
Cuff to cuff: 129cm
Hemline: 71cm
Qing Court collection

圆领，对襟，阔袖，裾左右开，衬粉素绸里。衣襟钉铜镀金扣袢三对，袖口及裾、下摆镶黑缎平金夔纹边一道。衣身以各色丝线，运用套针、缠针、打籽针等针法绣缠枝莲纹。衣领内里钤"兴"、"外三学记"、"长春"、"永兴"等墨印，并墨书"景山"二字。

此衣是苏州织造局绣作的贡品，构图丰满匀称，设色瑰丽典雅，绣工针脚匀齐。从钤印及墨书可知，此衣曾为"景山"戏班所用，并曾在长春宫等处演出用。

采莲袄为戏剧短衣类配套服装，穿者的身份从《穿戴题纲》所记载来看，既有仙界，也有人间；既有男性，也有女性。如仙界穿者有：《白蛇传·水斗》中蛤蜊精，承应大戏《红蝠云臻》中四金童、《长生祝寿》中八仙童等。人间穿者有昆曲《鹊桥》的牛郎、《昭君出塞》中的马童等。女性穿者有昆曲杂戏《阵产》中四侍女、《打围》中的船婆等。

146

茶绿缎绣缠枝莲纹采莲袄
清乾隆
身长87厘米 两袖通长187厘米
下摆宽73厘米
清宫旧藏

Female lined-jacket of tea green satin embroidered with interlocking lotus sprays
Qianlong period
Jacket length: 87cm
Cuff to cuff: 187cm
Hemline: 73cm
Qing Court collection

大领，斜襟右衽，裾左右开，衬月白暗花云纹布里。袖口接各色暗花绫，领及襟镶白绫平金朵花纹边，领口及腋下各钉茶绿缎系带各二条。衣身前胸、后背、两肩、两袖后及下摆各绣缠枝莲纹。

此衣用色丰富，有红、粉红、蓝、月白、白、绿、黄、果绿、蒲灰等，并运用了缠针、套针、打籽等多样针法。配色丰富，润色自然，针脚匀齐，绣工精湛，具有乾隆时期宫廷戏衣的典型风格。

147

拼二色缎长方格纹目连衣
清乾隆
身长124厘米　两袖通长222厘米
下摆宽104厘米
清宫旧藏

Mulian's dress made of two-colored satins
Qianlong period
Dress length: 124cm
Cuff to cuff: 222cm
Hemline: 104cm
Qing Court collection

直领，对襟，裾左右开，衬月白暗花绸里。镶白绫领，胸前钉白绫带两条。衣面以香、蓝两色缎拼接缝制而成。衣领衬里墨书："目连用"。

目连衣为戏剧专用服装。据记载：乾隆年间，宫廷演出连台大戏——《劝善金科》共二百四十出，其中一出《目连救母》故事中，扮目连者即穿用此衣。

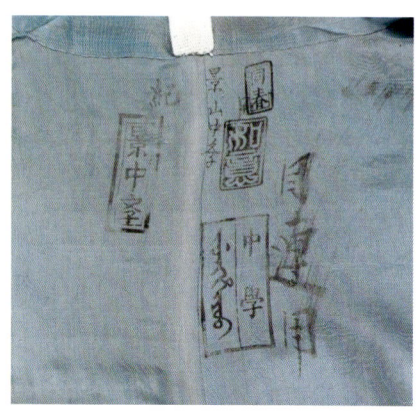

其他服装 (Other Theatrical Costumes)

148

黄暗花绸绣折枝牡丹蝶纹斗篷
清光绪
身长140厘米 领长40厘米
下摆宽128厘米
清宫旧藏

Cape of yellow veiled silk embroidered with butterflies and peony sprays
Guangxu period
Cape length: 140cm
Collar length: 40cm
Hemline: 128cm
Qing Court collection

立领，领加襟，裾后开，衣长及足，衬粉素绸里。前襟钉黄绸带两条，衣身以四幅黄暗花绸拼缝而成。上以各色丝线，运用多种针法绣折枝牡丹和蝴蝶纹。

此衣为宫廷造办处衣作缝制，形制如同一口钟，故又称"一口钟"。在戏曲舞台上人物穿斗篷，多用来表现挡风御寒、出门、睡梦初醒、体弱、深夜未眠等情节的情景。

149

玫瑰紫缎绣雉鸡牡丹纹双面斗篷
清光绪
身长134厘米　领长46厘米
下摆宽115厘米
清宫旧藏

Reversible cape of rose purple satin embroidered with peony and pheasants
Guangxu period
Cape length: 134cm
Collar length: 46cm
Hemline: 115cm
Qing Court collection

立领，对襟，衣长及足。领下一对扣袢，胸前一对白绫系带，正反两穿，两穿时领子各显立、翻不同形式。正反面周身镶品兰缎边，交合后裾呈如意头状，正面缎边上平金团"寿"字，反面缎边上平金"天下太平"瓦当纹，团"寿"字和瓦当纹间均以彩绣葡萄纹相隔。

斗篷正面左右各绣五彩雉鸡，栖于玉兰树上，雉鸡全身绣以平金、银线，仅于颈部和腹下施以绣线。雉鸡周围，牡丹和玉兰盛开，并钉以闪亮光片加以装饰。反面左右各绣一株梅树，上下两只喜鹊一站一飞，顾盼鸣和。

斗篷在剧中的使用范围较为广泛，如《昭君出塞》的王昭君，《霸王别姬》的虞姬等皆披斗篷。此斗篷正反两用，可适用于不同场合与不同情节。

150

绿缎绣折枝梅纹裙
清乾隆
裙长118厘米　腰围126厘米
下摆宽123厘米
清宫旧藏

Skirt of green satin embroidered with plum sprays
Qianlong period
Skirt length: 118cm
Waistline: 126cm　Hemline: 123cm
Qing Court collection

前后两个裙片，缀在裙腰上，白布裙腰，两侧各打折两个。衬粉红素绸里。前后各有一块平整面料，称为"马面"，马面以外的两侧裙片叫裙围，马面前后居中，在裙腰上两端钉带，下端为裙摆。裙身以绿缎绣折枝梅纹饰。马面与裙摆镶石青团龙杂宝织金缎边，钉丝绦边各一道，中间钉月白织金缎团龙杂纹边。

裙裙为明清妇女服饰的基本形式，应用在戏剧中，则为老旦角色所穿用的配衣类服装。

151

月白绸绣莲花纹裙
清乾隆
裙长108厘米　腰围122厘米
下摆宽138厘米
清宫旧藏

Skirt of bluish white satin embroidered
with lotus design
Qianlong period
Skirt length: 108cm
Waistline: 122cm　Hemline: 138cm
Qing Court collection

打开式，穿时围以腰间，裙身打大裥，每裥上窄下宽，接白布裙腰，粉红色素绸裙里。前后正中有马面，周身缀绣荷花纹飘带八条，均布马面两侧。马面为豆沙色缎料，镶红、白织金缎边，上彩绣海水山石及连枝荷花，石间数枝荷梗袅娜玉立，梗上苞含花待放，叶片卷舒。马面和飘带下端缀饰如意云头，裙摆用红、黄、烟三色织金缎缘饰。

此裙是戏曲中青衣、花旦角色常用服饰，与女袄配套使用，裙与袄颜色需一致。

152

粉缎绣串枝花卉纹裙
清乾隆
裙长112厘米 腰围115厘米
下摆宽128厘米
清宫旧藏

Skirt of pink satin embroidered with training flower sprays
Qianlong period
Skirt length: 112cm
Waistline: 115cm　Hemline: 128cm
Qing Court collection

裙身为粉缎质地，裙腰为白布，内衬草绿素绸里。裙片正中马面与纵向裙裥上彩绣串枝菊花纹，裙腰下缀五彩绣花如意头飘带。其衬里右上方墨书"九月"二字。

此裙装饰典雅华丽，纹样生动清新，用色丰富，绣工精良，制作讲究。

153

蓝暗花绸绣折枝花卉纹战裙
清光绪
裙长99厘米　腰围113厘米
清宫旧藏

Female character's martial skirt of blue silk with veiled floral design embroidered with flower sprays
Guangxu period
Skirt length: 99cm
Waistline: 113cm
Qing Court collection

裙分左右两片，相互连接为护腿裙，并与白布裙腰相连，右片连马面。衬白布里。裙身以五彩丝线运用多种针法绣折枝花卉纹，左右对称。裙边镶黑缎绣折枝花蝶纹宽边一道，滚白缎边内钉玫瑰紫地盘花纹丝边。

此战裙为昆曲《金山寺》中扮演小青者服饰，穿时马面在身后居中，便于武打。

154

红缎绣平金葫芦皮球花纹裤
清光绪
裤长126厘米　腰宽63厘米　裤口35厘米
清宫旧藏

Trousers of red satin embroidered with ball and calabash design done with gold thread
Guangxu period
Trousers length: 126cm
Waistline: 63cm
Width of bottom of a trouser leg: 35cm
Qing Court collection

宽腰，阔裤，肥裆。内衬粉红素布里。其腰为白布，裤腿下底镶白缎平金绣花蝶纹宽边及蓝地百蝶纹绦边。裤腿外侧平金绣左右对称的葫芦、皮球花纹样。

裤为配衣类戏装，在使用时须腰系小带而穿之。颜色多为黑、红色，亦有白色、粉色、绿色等等。此裤属"彩裤"类，用色有墨绿、绿、草绿、水绿、青、白、黄等，运用了缠针、松针、打籽针、戗针等刺绣针法，润色丰富，绣工精湛。

155

绿暗花绸绣花篮桃蝠纹裤
清光绪
裤长103厘米 腰宽57厘米 裤口30厘米
清宫旧藏

Trousers of green silk with veiled floral pattern embroidered with flower-baskets, peaches and bats
Guangxu period
Trousers length: 103cm　Waistline: 57cm
Width of bottom of a trouser leg: 30cm
Qing Court collection

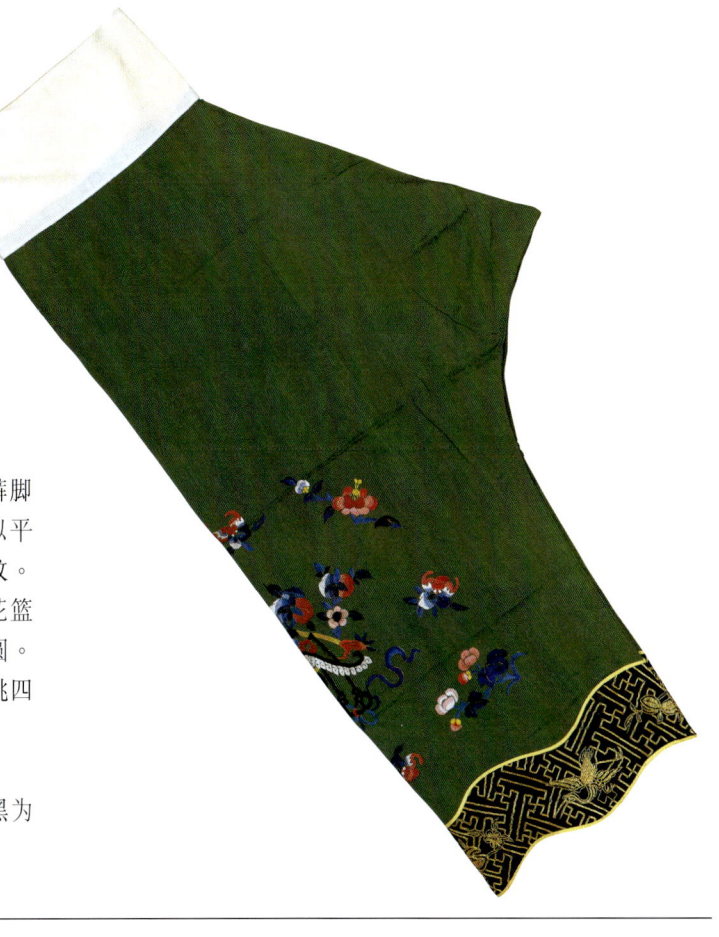

宽腰，阔裤，肥裆。粉红色麻布衬里。其腰为白布，裤脚以黑缎缘边，呈曲状，另用米黄色缎上下滚边，缘边以平金曲水"卍"字纹为底，上用双股金线绣飞鹤和花篮纹。裤腿以云鹤纹暗花绸为面，下部外侧彩绣蝠衔寿桃和花篮图案，口衔双桃的蝙蝠和折枝花卉相隔排列，围绕成圆。内绣一盛放寿桃的花篮，篮上绣有一蝠，与外圆上衔桃四蝠共为五蝠，暗有"五蝠捧寿"之意。

裤属于配衣彩裤类，各种角色都要穿用，颜色以红、黑为多，从此裤纹样和款式来看，应是八仙中蓝采和所穿。

156

粉缎绣折枝梅蝶纹裤
清光绪
裤长112厘米 腰宽38厘米 裤口34厘米

Trousers of pink satin embroidered with butterflies and plum sprays
Guangxu period
Trousers length: 112cm
Waistline: 38cm
Width of bottom of a trouser leg: 34cm
Qing Court collection

宽腰，阔裤，肥裆。衬红麻布里，接白布腰，在粉色缎地上以各种彩丝线运用各针法绣折枝梅花，间饰彩蝶纹，绣工针脚匀齐，色彩艳丽雅致。

戏装中的裤，多宽腰肥大，以便于演员在舞台上作复杂的动作。

157

织金锦花树纹蒙古朝衣
清乾隆
身长140厘米 两袖通长201.5厘米
下摆宽116.5厘米
清宫旧藏

Mongolian court dress of gold-threaded brocade with flowers and tress
Qianlong period
Dress length: 140cm
Cuff to cuff: 201.5cm
Hemline: 116.5cm
Qing Court collection

立领，对襟，窄袖，衣长及足，衬枣红色暗花缎里。对襟镶紫色绒边，直通底摆，上钉饰皮制卷草纹，以三股银线锁边。胸前缀带两条，镶墨绿色缎朵花纹边。衣身于锦地上满织花树纹。

此衣面料为江宁织造局之贡品，织造精细，用料珍贵。蒙古朝衣系宫廷戏曲演出中专用于蒙古族的身份装，在清宫节令戏弋腔《太平王会》中扮演蒙古人即穿此类戏衣。

158

拼各色暗花缎回回衣
清乾隆
身长143厘米 两袖通长336厘米
下摆宽136厘米
清宫旧藏

Huis'dress of different colored satins with veiled floral design
Qianlong period
Dress length: 143cm
Cuff to cuff: 336cm
Hemline: 136cm
Qing Court collection

立领，斜襟，两袖拼结而成，窄而长，下摆阔大，裾右开，衣长及足，衬白素绸里。领、襟、腋下及腰钉铜镀金扣袢四对。接袖、腰部及下摆饰蓝缎织金团花杂宝纹条带。衣身为拼各色条纹暗花缎，条纹之色有红、黄、青、粉、绿，左右对称分布。

整件戏衣形制与装饰风格特异，是宫廷戏曲演出中专用于回族的身份装。

159

蓝地织金绸洋花纹民族衣
清乾隆
身长137厘米 两袖通长218厘米
下摆宽129厘米
清宫旧藏

Racial minority's dress of blue silk, gold-threaded with foreign style floral design
Qianlong period
Dress length: 137cm
Cuff to cuff: 218cm
Hemline: 129cm
Qing Court collection

立领，斜襟，宽身，收袖，衣长及足，红素绸衬里。自领口沿襟钉三道铜素纽祥，通身织西洋花纹，花枝、花朵、果实巧妙结合，构成四方连续纹样。其花与果实以片金和黄丝线交织，而枝干和花托则用捻金线织成，使花纹呈现深浅明暗的效果，避免了织金绸使用金线颜色的单一。衣领内里墨书"国王衣"、"远人归化"、"上交下修"。

此衣为戏中扮外藩或少数民族地区统治者所穿。其墨书反映出清代对外藩和少数民族的统治思想。

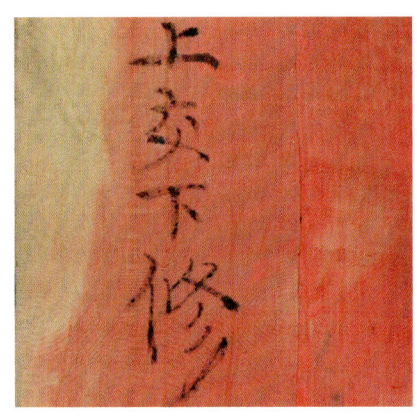 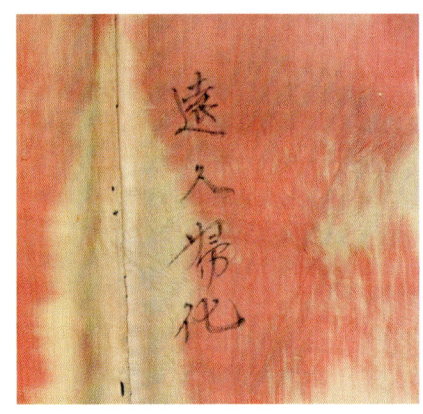 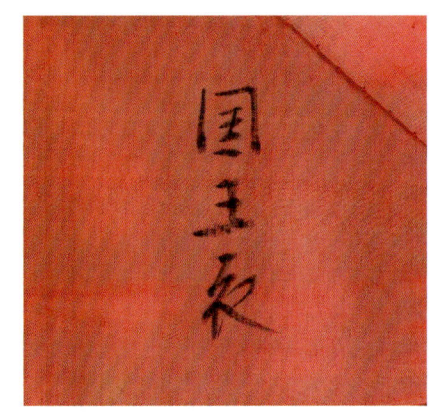

160

织金地缂缠枝莲孔雀羽纹云肩斗篷外国衣
清乾隆
身长118厘米　领长51厘米
下摆宽106厘米
清宫旧藏

Foreign cape of tapestry, gold-threaded with interlocking lotus sprays and peacock feathers
Qianlong period
Dress length: 118cm
Collar length: 51cm
Hemline: 106cm
Qing Court collection

立领，对襟，衣长及足，内衬粉色素绫里。立领为白绫质，领口钉二道铜镀金扣袢，衣里左右各钉粉红绫系带与黄布系带各一条。云肩为缂缠枝莲纹孔雀羽，以缠枝纹缘边。衣身镶片金缀玻璃质朵花条纹装饰，下摆镶月白缎如意形曲边。后领里有楷体朱印"大戏记用"一方，领里右下有竖向墨书"雕啼国"，其下又有竖向墨书"安南国"三字。

此衣用料讲究，制作繁复，装饰豪华，富丽堂皇。其形制上小下大，似倒扣之座钟，故又称"一口钟"。为戏曲演出中扮相外藩使节者穿用。

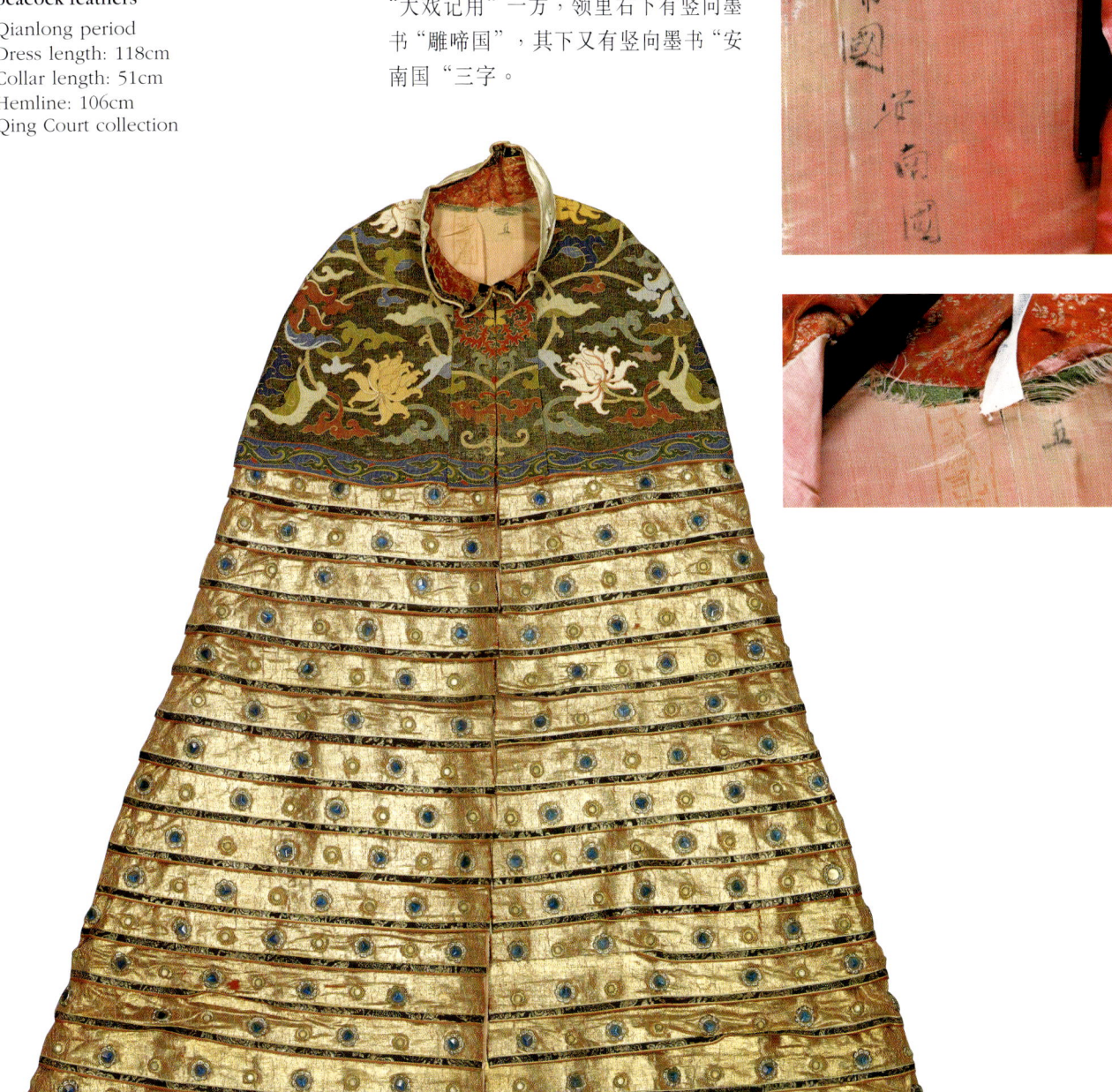

161

拼各色织金缎缂丝兽面纹云肩外国衣
清乾隆
身长129厘米 两袖通长165厘米
下摆宽115厘米
清宫旧藏

Foreign dress of different colored satins, gold-threaded with an animal-head design of silk tapestry
Qianlong period
Dress length: 129cm
Cuff to cuff: 165cm
Hemline: 115cm
Qing Court collection

圆领，对襟，宽身窄袖，上衣下裳相连，粉红色素绫衬里。两肩及袖口用黑色勾莲纹织金缎挖剪成云纹，红素绸滚边后，钉缀于白缎地上。两护肩缂丝兽面及变形勾莲纹，花纹外大面积缂金，另用黑红两色织金缎镶边，在黑色镶边上钉缀铜镀金托，内嵌蓝色料石。上衣前后各横五排甲叶形金属片，上镶嵌染色骨质雕饰，各排之间以平金彩绣莲花相隔。下裳及袖将各色织金缎剪成曲形宽条，钉缀在白缎地上，下摆缘饰云纹。内里墨书"日本国"、"月华"。

清政权素以中央帝国自居，视周边国家为藩属。这种状况在戏曲中也多有反映，如《年年康泰》中即有周边国家前来朝贺的内容，此衣或为剧中"日本国"朝拜者所穿。

162

蓝缎镶青边茶衣
清光绪
身长87厘米 两袖通长180厘米
下摆宽84厘米
清宫旧藏

Civilians' dress of blue plain satin hemmed in black
Guangxu period
Dress length: 87cm
Cuff to cuff: 180cm
Hemline: 84cm
Qing Court collection

大领，斜襟右衽，衬紫红布里。领袖镶青色缎边，腋下钉蓝布带两条。色彩简单，样式朴素。

茶衣，属戏曲中的平民服装。扮樵夫、渔夫、艄公、船夫、店小二等可穿用。如《白蛇传》中的船夫即穿用此衣。

163

青地暗花绸富贵衣
清光绪
身长131.5厘米　两袖通长205厘米
下摆宽93厘米
清宫旧藏

Garment of black silk with veiled design
for poor talented scholar
Guangxu period
Garment length: 131.5cm
Cuff to cuff: 205cm
Hemline: 93cm
Qing Court collection

大领，镶白布托领，斜襟右衽，缀白素绸水袖，左右开裾。衬月白素绸里。腋下钉黑绸带两条，周身钉缀各种颜色的碎绸块，以示"补丁"之意。

富贵衣，属衣箱内第一件"行头"，亦称"穷衣"，表示穷苦之意，专为贫寒学子穿用。因预示将来必富贵，故名"富贵衣"。据升平署剧本记载，清晚期宫内乱弹单本戏《红鸾喜》中莫稽穷困时即穿之。

164

黄缎绣平金云龙纹太监衣
清道光
身长134厘米 两袖通长220厘米
下摆120厘米
清宫旧藏

Eunuch's garment of yellow satin embroidered with clouds, bats and gold thread dragons
Daoguang period
Garment length: 134cm
Cuff to cuff: 220cm
Hemline: 120cm
Qing Court collection

大领，镶白绫托领，斜襟右衽，阔袖宽身，衣长及足。衬月白暗花绸里。腋下钉缎带两条，腰间打折镶黑缎彩绣串枝花宽边，襟与下摆镶棕色织金缎、丝绦边各一道。上身以各色丝绒线及圆金线绣过肩龙各一，间饰五彩云纹。下幅于膝栏前后绣龙纹、海水江崖及杂宝纹。

太监衣又称"老公衣"、"铁莲衣"，用色主要有黄、红、绿、紫等，有大、小之分。大太监一般穿"太监蟒"，此衣为随侍皇帝之小太监穿用。

165

红缎绣平金团龙纹太监衣
清光绪
身长143厘米 两袖通长179厘米
下摆宽91厘米
清宫旧藏

Eunuch's red satin garment embroidered with gold thread dragons
Guangxu period
Garment length: 143cm
Cuff to cuff: 179cm
Hemline: 91cm
Qing Court collection

大领，镶白绫托领，斜襟右衽，阔袖宽身，缀月白绸水袖，衣长及足。蓝色麻布衬里。胸前后缀团龙圆补，腰间镶腰饰，腰下抽裥。衣上圆补、腰饰及缘饰以宝蓝缎外滚白边贴补而成，其上平金绣图纹。圆补正龙，腰饰双龙戏珠。所有龙眼及腹则施以色线。领袖及衣缘以团寿和云蝠纹交替排列。衣内里纸条墨书"老爷衣"并钤朱印两方。

红色太监衣多为小太监穿用。

166

缂丝青地花鸟纹大坎肩
清乾隆
身长124厘米 肩宽40厘米
下摆宽96厘米
清宫旧藏

Large female vest of black silk tapestry with bird and floral design
Qianlong period
Vest length: 124cm
Shoulder width: 40cm
Hemline: 96cm
Qing Court collection

直领，对襟，左右开裾，衬白色暗花绸里。胸前钉两条白素绸带。通身缂织牡丹、茶花、海棠花、月季、兰花、菊花、芙蓉、荷花、梅花、石竹等花卉，亦称"一年景"。又有翠鸟、白鹇、仙鹤、绶带鸟及湖石等作点缀。

此衣采用平缂、木梳戗、凤尾戗、缂金等技法缂织而成，工艺精湛，晕色自如，堪称苏州缂丝佳作。

坎肩是一种无袖上衣，亦称马甲、背褡、背心，属配衣类服装。款式多样，规格有大有小，纹饰有花、素之分。种类有男式和女式，另外还有卒坎、道姑背心等。不同的坎肩在戏剧中为不同人物所专用，对人物身份具有重要的标示作用。此坎肩为女式大坎肩，为戏剧中扮演老旦角色穿用。

167

石青缎绣灯笼花卉纹大坎肩
清乾隆
身长121厘米　肩宽45厘米
下摆宽93厘米
清宫旧藏

Large vest of azurite blue satin embroidered with lantern and floral design
Qianlong period
Dress length: 121cm
Shoulder width: 45cm
Hemline: 93cm
Qing Court collection

直领，对襟，衣长过膝，粉红色素绸衬里。胸前缀石青缎系带。领镶宽石青绸贴领，底端平直止于胸，上绣云龙纹，一龙腾于云间，一龙海中跃起，两龙呼应，气势非凡。周身共绣六盏花灯，前后各三。前身三盏造型各异：正中八角形灯，下垂麒麟坠；左下圆鼓式灯，下垂凤坠；右下四方形灯身，下垂狮踏绣球坠。后身纹样相同。花灯周围绣折枝梅花，并点缀以松枝、竹叶、天竺等花纹。

168

黄织金锦云金龙纹坎肩
清乾隆
身长99.5厘米　肩宽45厘米
下摆宽86厘米
清宫旧藏

Vest of yellow gold-threaded brocade with clouds and gold dragons
Qianlong period
Dress length: 99.5cm
Shoulder width: 45cm
Hemline: 86cm
Qing Court collection

圆领，对襟，左右开裾处与袖裉相通，仅于腋下钉缝三道连合，钉线下自然敞开。粉红色素绸衬里。领口下排四道铜素钮扣袢，缘饰内外以枣红色缎滚边。周身以织金缎缘饰团龙勾莲云纹，一排升龙，一排降龙，间以云纹，纹样横向排列，上下交错，两排一循环，形成四方连续图案。领内里钤墨印"内库"、"景教习"，满汉合璧"教习"，朱印"松"，墨书"教习"、"景山大学"等款印。

此衣用料为苏州织造进贡的龙纹纬锦匹料，锦的织造料贵工费，因而古人视锦如金，戏衣使用其价如金的锦料，足见内府戏班之奢华。

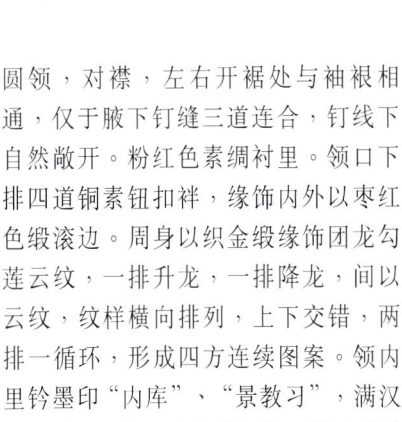

169

杏黄江绸绣兰蝶纹琵琶襟坎肩
清光绪
身长79厘米　肩宽40厘米
下摆宽82厘米
清宫旧藏

Female side-vented vest of apricot yellow silk embroidered with butterflies and magnolia flowers
Guangxu period
Vest length: 79cm
Shoulder width: 40cm
Hemline: 82cm
Qing Court collection

圆领，清式琵琶襟，衣长及腰，两侧及后开裾，内衬月白素绸里。领口及襟处钉青线铜镀金錾花楼阁圆盘扣袢五对。领、襟、裾处及下摆前后镶蓝缎平金绣花卉纹边。通身彩绣百蝶玉兰图，平金团"寿"字点缀其间，纹样左右对称分布。其扣袢上拴粉绸带一条，上墨书"绸豆绣花背心壹件"。

此衣色彩艳丽，装饰豪华，制作精美，专用于戏剧中异邦之公主。

170

桃红色江绸绣花蝶纹排穗坎肩
清光绪
身长122厘米 肩宽63厘米
下摆宽111厘米
清宫旧藏

Peach red silk vest embroidered with butterflies and fringed with tassels
Guangxu period
Vest length: 122cm
Shoulder width: 63cm
Hemline: 111cm
Qing Court collection

立领，对襟，两侧及后开裾，衣长过膝，果绿色素绸衬里。另缀立领云肩，上用白缎挖剪如意形覆缀，绣凤鹤等禽鸟和折枝花卉。边缘处随形钉缀机制花边两道，并沿花边环缀网穗为饰。周身以白妆花缎镶边，上织渔、樵、耕、读图，做二方连续排列。四周饰以竹、梅等花叶纹及团"寿"字。下摆缀网穗。

坎肩主体纹样为盛开的海棠，周围百蝶飞舞。构图疏朗，绣线设色雅致，绣工精细工整。

171

藕荷色江绸绣折枝海棠蝶纹排穗坎肩

清光绪
身长123厘米　肩宽42厘米
下摆宽113厘米
清宫旧藏

Purplish blue silk vest embroidered with begonia and butterfly design; fringed with tassels

Guangxu period
Dress length: 123cm
Shoulder width: 42cm
Hemline: 113cm
Qing Court collection

立领，对襟，两侧及后面开裾，衣长及膝。内衬粉红素绸里。领及前襟钉扣袢五道，领下缀酱色缎如意形缀网穗云肩，上绣兰、荷、竹石、鹭鸶、孔雀、翠鸟、雉鸡、蝶、凤、梅等花鸟纹。周身镶渔、樵、耕、读纹宽边一道，宽边两侧又镶黄地百蝶纹绦边一道及蓝缎窄边各一道。下摆缀五彩排穗装饰。

坎肩通身绣折枝海棠及蝴蝶纹。采用了绿、草绿、藕荷、白、蓝、粉、水粉、黄、月白等多色丝线，运用了套针、打籽、斜缠针、松针、切针、桂花针等多种刺绣技术。设色淡雅，绣工精湛。

172

粉缎绣折枝花蝶纹宫搭
清嘉庆
身长120.5厘米　肩宽84厘米
下摆宽84厘米
清宫旧藏

Female court attendant's sleeveless dress of satin embroidered with butterflies and floral sprays
Jiaqing period
Dress length: 120.5cm
Shoulder width: 84cm
Hemline: 84cm
Qing Court collection

立领，对襟，衣长及膝，裾左右开，衬月白素绸里。领口钉铜空心扣祥二对，前胸钉白绫系带二条。上部由两层如意形云肩构成，上层为红缎绣菊纹如意形云肩，下层为绿缎绣梅、月季、石榴、兰、菊、牡丹、海棠、桃花、灵芝、竹、茶花等四季花卉纹如意形云肩。两云肩均片金缘饰。腰身处为青缎绣缠枝牡丹菊花纹，下裳为如意云头式，以粉缎绣折枝花蝶纹并做如意云头状装饰。通体俱片金缘饰。后背衬里墨书"宫搭大班"。

整件戏衣造型别致，装饰华美，清新秀雅，为宫廷戏中扮演宫女者穿用。

173

粉缎绣牡丹纹排穗宫搭
清道光
身长115.5厘米　肩宽89厘米
下摆宽86厘米
清宫旧藏

Female court attendant's sleeveless dress of satin embroidered with peony sprays; fringed with tassels
Daoguang period
Dress length: 115.5cm
Shoulder width: 89cm
Hemline: 86cm
Qing Court collection

立领，对襟，裾左右开，衣长及膝，衬月白曲水暗花绸里。胸前钉白绫带两条，铜光素扣袢两对。立领为红缎绣缠枝花纹，云肩上层为红缎绣缠枝莲等花卉纹，下层为粉缎绣牡丹等缠枝花纹，缘为如意云头状。前后胸月白缎绣云蝠纹，腰间缀黄色排穗。下幅呈如意云头形，粉缎绣折枝牡丹等花卉纹。周身镶石青缎边蓝色花绦边各一道，并饰片金缘。

此宫搭款式新颖别致，绣工针脚齐整，色彩淡雅。为戏剧扮相中宫女者穿用。

174

绿缎绣平金云龙纹龙套
清光绪
身长145厘米 两袖通长174厘米
下摆宽106厘米
清宫旧藏

Green satin Dragon Costume embroidered with clouds and gold thread dragons, for general stage attendants
Guangxu period
Costume length: 145cm
Cuff to cuff: 174cm
Hemline: 106cm
Qing Court collection

圆领，缀白布立领，对襟，宽身阔袖，缀湖色绸水袖，两侧及后开裾，衣长及足，粉红色素布衬里。自领口下排四道钮袢，扣纽为骨质染色。全身平金绣八团龙纹，惟胸前团龙为双龙纹。龙外环以云纹，正面三团龙之间，绣一花篮。间饰朵云、蝙蝠和宝伞、白盖、金鱼、盘长等八宝纹并杂以平金团"寿"字。

龙套是一种特殊形式的戏服，为剧中"群体角色"的特定象征。是戏曲舞台渲染声势、烘托气氛所用，四身为一堂，服色与主角服色相同，以求整齐统一。龙套有徒手和持旗之别，徒手称"文堂"，持旗称"跑龙套"。跑龙套者手擎各类旗帜，随不同排场而变化队形。舞台上的气氛，很大程度上由龙套来营造。京剧《大回朝》中，就有红、蓝、黑、绿四堂龙套，其扮相为头戴与本服同色的大板巾，身穿龙套，下穿彩裤。

175

黄缎绣平金云龙纹龙套
清光绪
身长145厘米 两袖通长180厘米
下摆宽104厘米
清宫旧藏

Yellow satin Dragon Costume embroidered with clouds and gold thread dragons, for general stage attendants
Guangxu period
Costume length: 145cm
Cuff to cuff: 180cm
Hemline: 104cm
Qing Court collection

圆领，对襟，宽身阔袖，裾后开，衣长及足，衬粉红素布里。领口及前胸钉青缎带铜錾花扣袢四道。通身平金绣龙纹，四周饰云蝠纹，平金团"寿"字点缀其间。下幅为海水江崖纹，上浮以方胜、"卍"字、轮、鱼、蝠、牡丹等杂宝图纹。其领口袢上系粉布条，上楷体墨书"五色龙套一件"。

此龙套用色有金、蓝、月白、白、墨绿、深红、红、粉、青等，针法有平金、缠针、钉针、打籽等多种。色彩鲜明，形制规整，为清后期宫廷戏曲服装之精品。

176

青缎缂丝团龙纹圆补马褂
清道光
身长74厘米 两袖通长158厘米
下摆宽81厘米
清宫旧藏

Black satin mandarin jacket with four medallions of clouds and gold dragons in silk tapestry
Daoguang period
Jacket length: 74cm
Cuff to cuff: 158cm
Hemline: 81cm
Qing Court collection

圆领，对襟，阔袖，裾四开，衬粉色素绸里。钉骨质扣襻三道。褂身缂织金龙纹四团，金龙周围饰以彩云、牡丹、蝠桃及八吉祥纹。

此褂成衣于道光年间，系造办处衣作为"升平署"缝制。

马褂，属戏剧短衣类服装，源于清代生活服装，但在戏剧舞台上，任何朝代都可以穿用。穿时套在箭衣的外边，领处加饰"三尖"。按花色区别，马褂分为龙褂、团花马褂和黄马褂三种，此马褂为龙褂，应为戏曲中帝王所用。

177

黄缎绣平金团龙纹马褂
清光绪
身长82厘米 两袖通长171厘米
下摆宽88厘米
清宫旧藏

Mandarin jacket of yellow satin embroidered with 4 medallions of clouds and gold thread dragons
Guangxu period
Jacket length: 82cm
Cuff to cuff: 171cm
Hemline: 88cm
Qing Court collection

形制如前,衬蓝素里。通身以五彩绒线及圆金线绣四团彩云金龙纹。图纹均以双圆金线勾边。

绣团龙海水图案的马褂,为戏剧中扮演帝王穿用,颜色有红、绿、黄、白、黑五色,以区别人物身份。穿马褂必内衬箭衣,外加"三尖",但也可作为行路的一种外褂,如升平署戏本《四郎探母·过关》中杨延辉即如此穿用。

178

月白纱地绣折枝海棠花纹旗衣
清光绪
身长139厘米　两袖通长114厘米
下摆宽115厘米
清宫旧藏

Female Manchu dress of bluish white gauze embroidered with begonia sprays
Guangxu period
Dress length: 139cm
Cuff to cuff: 114cm
Hemline: 115cm
Qing Court collection

圆领，斜襟右衽，短袖，左右开裾，衣长及足，无衬里。领、襟、右腋下及腰钉铜鎏金錾花铜扣袢四对。边缘处饰白江绸绣五彩花蝶纹宽边，宽边里侧钉黄色百蝶纹绦带，袖口处白江绸边接白纱地绣梅鹤纹宽边。

衣身采用双面绣法，通身满饰折枝海棠纹，呈左右对称分布之态。配色丰富，润色自然，绣工精致，纹样布局密而不乱。

旗衣原为满族妇女的民族服装，演变成戏装后，专为少数民族上层贵妇所用。凡扮演汉族以外的少数民族妇女，不论朝代、民族，均穿旗衣。如京剧《四郎探母》中的铁镜公主和萧太后都穿旗衣，《大登殿》的代战公主也穿旗衣。

179

红色纱地绣百蝶纹旗衣
清光绪
身长148厘米 两袖通长132厘米
下摆宽116厘米
清宫旧藏

Female Manchu dress of red gauze embroidered with numerous butterflies
Guangxu period
Dress length: 148cm
Cuff to cuff: 132cm
Hemline: 116cm
Qing Court collection

圆领，斜襟右衽，短袖，左右开裾至腋下，衣长及足，无衬里。领口下沿大襟钉三道铜镀金錾花扣袢。衣领、袖及周身镶四道缘饰，内为机织蝶纹绦边，外接黑纱宽边，上彩绣百蝶纹。纱边外用深月白色缘边，两边之间以极细玫瑰紫边相隔。腋下开裾交合处，装饰成如意状，袖口延伸接袖两道，袖宽递减，第一道为白缎绣蝶纹；第二道为月白缎缘品蓝色边。

衣上散点布局飞舞百蝶，配色浓淡适度，绣工精细，巧妙传神，有如工笔彩画一般，尤其蝴蝶双翅，在光线映衬下，甚至显出翅粉的质感。

180

雪青缎绣平金海棠花蝶团寿纹旗衣
清光绪
身长146厘米 两袖通长128厘米
下摆宽112厘米
清宫旧藏

Female Manchu dress of lilac satin embroidered with begonias, butterflies and gold thread words of longevity
Guangxu period
Dress length: 146cm
Cuff to cuff: 128cm
Hemline: 112cm
Qing Court collection

圆领,斜襟右衽,短袖,左右开裾,衣长及足,衬月白素绸里。钉铜"福"字扣袢五对。周身镶黑缎绣海棠花蝶纹宽边一道,内缘钉盘长纹绦边。

衣身以各色丝绒线,运用多种针法绣折枝海棠及彩蝶纹,间饰平金团"寿"字,金彩辉映,艺术效果独到。

181

紫纱纳绣人物花蝶纹达婆衣
清光绪
身长102厘米　两袖通长159厘米
下摆宽103厘米
清宫旧藏

Old female comedian's dress of purple gauze embroidered with flowers, butterflies and ten figure medallions
Guangxu period
Dress length: 102cm
Cuff to cuff: 159cm
Hemline: 103cm
Qing Court collection

立领，斜襟右衽，宽身肥袖，两侧开裾，衣长及膝。缘饰以白纱纳绣人物风景为主，另用三道机制绦边围饰。通身纳绣十团人物故事纹样，皆以《西厢记》为创作蓝本，每团纹样，均绣一对追逐舞蝶，以寓意男女相爱之情。团纹周围点缀垂柳、长堤、小桥、古亭、曲栏、远山、花蝶等景色，以烘托委婉温柔之意境。另以白纱纳绣缘饰，绣莺莺燃香弹琴、池边垂钓、园内赏春等情节，做十团故事的补充。

此衣图纹以针代笔，依剧情以自己的理解加以发挥想像，大胆创作，绣工精致，实为一件可与文学作品相媲美的织绣佳品。

达婆衣多为戏曲演出时扮相丑婆者穿用。

182

白纱纳绣西湖风景纹达婆衣
清光绪
身长88厘米 两袖通长137厘米
下摆宽91厘米
清宫旧藏

Old female comedian's dress of white gauze embroidered with landscape of the West Lake
Guangxu period
Dress length: 88cm
Cuff to cuff: 137cm
Hemline: 91cm
Qing Court collection

立领，斜襟右衽，宽身肥袖，两侧开裾，衣长及膝。钉素铜扣袢五对。周身镶棕色直经纱纳绣《红楼梦》人物故事宽边，内钉蓝、绿杂宝纹绦边两道。通身主体图纹是以五彩绒线纳绣"三潭印月"等西湖风景。

183

红暗花纱团龙八宝纹刽子手衣
清乾隆
身长86厘米 两袖通长176厘米
下摆宽87厘米
清宫旧藏

Executioner's clothes of red veiled gauze with medallions of dragon and 8-Auspicious motifs
Qianlong period
Clothes length: 86cm
Cuff to cuff: 176cm
Hemline: 87cm
Qing Court collection

直领，对襟，窄袖，裾左右开，衬粉色暗衣纱团龙八宝纹里。胸前系红暗花纱带两条。衣面为红色团龙八宝纹暗花纱料缝制，领、袖镶绿色团龙纹暗花边一道。

此衣为戏曲中扮演刽子手专用。

184

红素布罪衣裤
清光绪
衣身长79厘米　两袖通长194厘米
下摆宽88厘米　裤长111厘米
腰宽58厘米　裤口24.5厘米
清宫旧藏

Prisoner's jacket and trousers of red clothe
Guangxu period
Jacket length: 79cm
Cuff to cuff: 194cm
Hemline of jacket: 88cm
Trousers length: 111cm
Width of waist of trousers: 58cm
Width of trousers legs: 24.5cm
Qing Court collection

上衣圆领，斜襟右衽，窄袖，裾左右开。钉红布带三对。下裤肥大，与上衣配套。

罪服系传统戏中专门为犯人角色设定的服装，男式为罪衣、罪裤，成套使用。

185

香色缎蓑衣

清光绪
身长108厘米 肩宽51厘米
下摆宽60厘米
清宫旧藏

Greenish yellow satin clothes in the style of alpine rush rain cape

Guangxu period
Clothes length: 108cm
Shoulder width: 51cm
Hemline: 60cm
Qing Court collection

圆领，无袖，领口钉缀一对疙瘩扣袢，领部外加云肩，云肩与领口缝合。上、下身相连，但连接方式前后有别，后身用同肩宽衣料下连，前身则以两条宽寸许窄带沿胸外侧下连。下裳身前开缝，穿时围合，系带于腰间。

此衣衣料用香色双股丝线编结排穗，层层覆盖，钉缀衣身。登台时，排穗随身形而飘动，以表现急风斜雨中的人物。

戏装蓑衣多为戏曲中扮演隐逸之人或渔翁、村民者穿用。清代宫中昆腔杂戏《访圣》中公孙圣即身披蓑衣，头戴草帽圈，手持钓竿。京剧《芦中人》（又名《子胥投吴》）中渔父的扮相也头戴草帽圈，外披蓑衣。

戏曲盔头、靴鞋（行头）

Theatrical Headgear and Footwear

186

蓝缎串珠带杏黄绒球王帽
清
通高29厘米　口径17厘米
清宫旧藏

Imperial crown of blue satin with strings of glass beads, dragons and velvet balls in apricot yellow
Qing Dynasty
Crown Height: 29cm
Inner Diameter: 17cm
Qing Court collection

前低后高，顶端中为杏黄色大绒球面牌一，正面为串玻璃珠朵花，呈龙戏珠之态，杏黄色绒珠布满面牌周围。帽左右两侧挂耳为玻璃珠串，下垂杏黄色丝穗。

王帽又名堂帽，属戏曲首服类，为戏剧中扮相皇帝专用之冠服。演出时，戴王帽，必穿黄蟒，方为正统的天子之服。

187

青绉绸忠纱帽
清
通高20厘米　口径17厘米
清宫旧藏

Civil official's cap of black crepe silk
Qing Dynasty
Cap Height: 20cm
Inner Diameter: 17cm
Qing Court collection

面以黑色绉绸蒙制，帽形前低后高，帽背下端左右两边，横插一对纱帽翅，上饰串玻璃朵花与连珠纹。

忠纱帽又称乌纱帽，戏曲中扮演文官者可戴。纱帽翅有方、圆、尖三种，根据不同人物分别使用，忠正者用方翅，故名。清宫晚期演出乱弹单本戏《群英会》中，鲁肃就戴方翅忠纱帽。

188

相貂
清
通高22厘米　口径17厘米
清宫旧藏

Official cap (for prime ministers, senior officials and nobles) of black crepe silk
Qing Dynasty
Cap Height: 22cm
Inner Diameter: 17cm
Qing Court collection

方形，黑色，帽体由前后两部分拼而成，前低后高，下口平，并蒙以绉绸为面。帽两侧对称平插一对长帽翅，帽翅之尾略翘，其纹为串珠花与龙纹，并以金漆饰。

相貂属戏曲首服类，为剧中宰相等达官显贵所戴。如《群英会》中的曹操，以丞相身份出场，即戴相貂。

189

绿缎串珠带杏黄绒球夫子盔
清
通高33厘米　口径17厘米
清宫旧藏

Military officer's helmet of green satin with strings of glass beads and velvet balls in apricot yellow
Qing Dynasty
Helmet Height: 33cm
Inner Diameter: 17cm
Qing Court collection

额前为彩色玻璃光珠立柱朵花，饰杏黄绒球。帽前正中为一人绒球及兽面，上饰点翠，玻璃珠朵花蝶，两侧为龙戏珠各二，后饰四龙戏珠及蝴蝶。下为涂漆点翠兽头纹饰，两侧为彩色龙形光珠挂耳，间饰玻璃点翠。

夫子盔为戏剧中武将所戴之冠服，如关羽等大将戎装出场，即戴夫子盔。

190

串珠带绒球狮子盔
清
通高27厘米　口径20厘米
清宫旧藏

Military officer's lion-shaped helmet with strings of glass beads and velvet balls
Qing Dynasty
Helmet Height: 27cm
Inner Diameter: 20cm
Qing Court collection

前低后高，前额扇饰彩色串珠与光珠为二龙戏珠，朵花蝴蝶立柱形，缀粉红间绿色绒球，正中面牌，周围衬六个小绒球。后扇高突一狮子形，狮身饰各色玻璃串珠及蝴蝶朵花，间饰点翠火焰，狮脊涂金黄色，为朵花点翠，两侧镂空，后兜为黑缎朵花，钉圆形亮片及绒球。盔左右两侧为龙形串珠挂耳各一。

狮子盔为武将扮装的盔头之一，如戏曲《西厢记》中叛将孙飞虎即头戴狮子盔。

191

玫瑰紫缎绣五蝠捧寿串珠带白绒球罗帽
清
通高30.5厘米　口径20.5厘米
清宫旧藏

Chivalrous man's cap of rose purple satin embroidered with five bats supporting "Shou" (longevity), glass beads and white velvet balls
Qing Dynasty
Cap Height: 30.5cm
Inner Diameter: 20.5cm
Qing Court collection

硬胎花罗帽，帽顶呈六瓣形，外蒙玫瑰紫缎，衬粉红布里。以白色丝线在每瓣绣"五蝠捧寿"纹，周围镶光珠白色绒球。帽箍以白色丝线绣八宝纹串光珠，帽口镶黑缎边，钉圆光片。

罗帽为戏剧盔帽，有软胎、硬胎两种，又有花、素之分，硬胎花罗帽，多为戏曲中江湖侠客或山寨王所戴，如乱弹《连环套》、《骆马湖》中的黄天霸，《除三害》中周处等。

192

白缎串珠朵花武生巾
清
通高24厘米 口径19厘米
清宫旧藏

Headgear of white satin with floral design of glass beads for military heroes or generals
Qing Dynasty
Headgear Height: 24cm
Inner Diameter: 19cm
Qing Court collection

软胎巾，以白缎为面，正面为对褶形，中钉长方形料石片一块。巾面钉饰玻璃串珠朵花，顶正中钉红绸制蝶形火焰纹。巾顶至两耳为如意形，以双圆金圈边，内饰亮片串珠纹。下垂串玻璃珠粉色丝穗，巾口滚黑缎边，钉玻璃珠朵花一道。背后无飘带。

巾是戏曲角色家居所戴的一种便帽，种类比较多，软、硬胎都有。常见的如员外巾、相巾、方巾、文生巾、武生巾、扎巾、鸭尾巾等多种。

193

蓝缎绒球鸭尾巾
清
通高24厘米 口径19厘米
清宫旧藏

A headgear of blue satin with velvet balls and a flossy duck-tailed decoration
Qing Dynasty
Headgear Height: 24cm
Inner Diameter: 19cm
Qing Court collection

以蓝缎为面，巾之正面钉七条龙纹及白间粉红色绒球，中间为一火珠，呈龙戏珠之式。巾后面为二龙戏珠，间饰蝴蝶。巾口前沿为玻璃光珠为主柱形，中间为一对蝴蝶。

鸭尾巾，因顶部有排须，形似鸭尾，故名，一般为老生所戴。此鸭尾巾带绒球和珠花，多为戏曲中扮演江湖人物之用，如《八蜡庙》中褚彪即戴此巾。

194

串珠花蝶带穗凤冠
清
通高27厘米　口径19.5厘米
清宫旧藏

Phoenix coronet with flowers, butterflies, strings of head and tassels
Qing Dynasty
Coronet Height: 27cm
Inner Diameter: 19.5cm
Qing Court collection

鬃金漆胎上以玲珑串玻璃珠、点翠立凤为饰。冠正中为一大玻璃光珠，四周为连珠及朵花。背后缀玻璃花彩色丝穗，冠口饰立凤衔串珠，左右两侧挂黄、粉红、绿色丝绦串珠排穗。

凤冠为戏曲盔帽，源于宋、明以来的贵族妇女冠服。多为扮演公主、贵妇等角色所用。

195

串珠带绒球七星额子
清
通高22厘米　口径17厘米
清宫旧藏

Female military officer's helmet with seven big velvet balls and strings of glass beads
Qing Dynasty
Helmet Height: 22cm
Inner Diameter: 17cm
Qing Court collection

前额上端饰玫瑰紫间白色大绒球七个，间饰有香黄间蓝、湖绿色小绒球一排，点缀彩色玻璃珠串朵菊花，额前垂三角形串亮片及光珠六串，左右两侧挂串珠五彩纹穗。

扎巾额子属于戏曲首服盔帽类，男女均可服用。"额子"主要指盔帽上所饰绒球，"七星"即七枚大绒球。"七星额子"为戏剧中扮演女将者所戴盔帽，在清宫晚期所演乱弹戏如《破洪州》之穆桂英、《樊江关》之樊梨花均用七星额子。

196

黑素缎面高方靴
黑素缎面朝方靴
清光绪
高47厘米　长26厘米　底厚6厘米
高38厘米　长26厘米　底厚2.5厘米
清宫旧藏

High-soled boots of black plain satin
Court boots of black plain satin
Guangxu period
(1) Height of boots: 47cm
Soles length: 26cm
Thickness of soles: 6cm
(2) Height of boots: 38cm
Soles length: 26cm
Thickness of soles: 2.5cm
Qing Court collection

高方靴高筒，厚底，黑素缎面，白布里，筒内前中缝有线带，穿时束于腿。靴面与靴筒多层缝合，有一定厚度，以保证与厚底缝合时的强度。在后跟、前脸等易损之处，纳线数匝以加固。靴底以层层高丽纸铺叠缝合，前部上翘，以利行走，底覆整块牛皮，增加耐磨，周边涂以白粉。

朝方靴薄底，黑缎素面，衬白布里，白靴底。衬里前端钉白布长带各二条，后部有白签墨书"口彩官靴"四字。

此二靴均为戏曲中男性角色所用，高方靴多与蟒、靠、官衣、氅等戏装搭配，以衬托角色庄重威严的气质。朝方靴则为剧中丑行扮演的角色所穿用。

197

水绿缎绣虎头纹靴
清光绪
高44.5厘米 长19厘米 底厚5.5厘米
清宫旧藏

Boots of light green satin embroidered with tiger-head design
Guangxu period
Height of Boots: 44.5cm
Soles length: 19cm
Thickness of soles: 5.5cm
Qing Court collection

水绿缎质，白色厚底。靴面绣虎头及五蝠捧寿纹样，靴之前端缀黄缎虎头。

清宫戏用官靴分厚与薄两种，又有花素之别。厚底靴又称高方靴，凡扮演帝王朝官、军中将帅者皆例穿用，以示庄重威严。此厚底靴为剧中关羽所专用。

198

黄缎绣平金云龙纹靴
清光绪
高50厘米 长27厘米 底厚6厘米
清宫旧藏

Boots of yellow satin embroidered with clouds and dragons done with gold thread
Guangxu period
Height of boots: 50cm
Soles length: 27cm
Thickness of soles: 6cm
Qing Court collection

高筒，厚底，筒口呈前高后低之势，明黄缎面，粉色麻布里，面与筒间以宝蓝缎边相隔。靴前脸覆平金兽头，筒身前后贴缀用各色缎挖剪成如意状的饰片，上彩绣莲花。筒两侧平金绣龙纹。靴底由棉纸数层叠纳，着地处覆牛皮，底侧包以白布并纳线数匝。

199

白布钉黑布花短腰鞋
清
高19厘米 长23厘米 底厚1厘米
清宫旧藏

White cloth shoes with floral design done with black cloth
Qing Dynasty
Height of boots: 19cm
Soles length: 23cm
Thickness of soles: 1cm
Qing Court collection

短腰，面为白布缝制，腰两侧钉黑布蝴蝶、环钱及云纹，鞋口钉朵花，面两侧钉黑布鱼藻纹，均为对称式，鞋脸及腰连接处，镶黑皮滚边及黑布边，纳皮底。

此鞋为清宫乱弹单本戏《恶虎村》中黄天霸等人所穿用。

戏曲道具（砌末）

Stage Properties

200

(1) 红缎绣玉堂富贵纹椅披
(2) 红缎绣团花纹椅垫
(3) 红缎绣玉堂富贵纹桌围
清同治—光绪
(1) 椅披长158厘米 宽46厘米
(2) 椅垫长47厘米 宽35厘米 厚4厘米
(3) 桌围长101厘米 宽94厘米
清宫旧藏

(1) Chair covers of red satin embroidered with flowers of wealth and nobility
(2) Chair cushion covers of red satin embroidered with medallions of flowers
(3) Table covers of red satin embroidered with flowers of wealth and nobility
Tongzhi period to Guangxu period
(1) Length: 158cm Width: 46cm
(2) Length: 47cm Width: 35cm Thickness: 4cm
(3) Length: 101cm Width: 94cm
Qing Court collection

桌围前缝缀桌帘，上横向绣三团花卉，桌围中心绣团花，四角绣角花，向心排列。图案均由牡丹、玉兰、海棠、梅花组成，寓意为"玉堂富贵"。椅披纹样为上下两部分，图案排列和花卉组合与桌围完全一致。椅上所置椅垫，红缎蒙面，内填棉絮，粉布垫底。垫面中心绣团花，由折枝牡丹和蝠衔"卍"字绶带的双线组成，寓意为"福在眼前，福寿万代"。垫四角各绣蜜蜂、花卉，对应向心排列。

桌椅在戏剧演出中，是使用率极高的道具，根据不同程式的摆放，来表现地点与环境的变化。既可表示皇帝上朝的御案，又可表示县官坐衙的公案，还可成为朋友宴会的酒席。另外，亦可成为很多事物的代用品。如以桌代山，人上山就站到桌上，山很高就两桌叠放。以椅代墙壁，跳墙就跃过椅子等。为了增添舞台观赏效果，桌椅上还要覆盖色泽鲜艳的丝织品桌围椅披。庆典演出时，桌围椅披的图案更要有各种吉庆寓意。

201

黄暗花绸绣博古花卉纹门帐
清光绪
高183厘米 宽94厘米
清宫旧藏

Door curtain of yellow silk with veiled pattern embroidered with antiques and flowers
Guangxu period
Height of curtain: 183cm　Width: 94cm
Qing Court collection

此帐为双帘并垂帐,纹样左右对称,顶端镶粉布帐库穿入横杆,横眉子为红暗花绸,下缀黄色丝绒垂五色丝穗。帐面绣博古图、牡丹、彩蝶等装饰图纹。构图古色古香,寓"平安富贵"之意。

门帐为戏剧砌末,分红、黄、绿、粉、天蓝等颜色,在戏曲舞台上用途十分广泛,主要代表各种门前的帘子。砌末,亦称道具,种类很多,使用时都具有独特的象征性意义。

202

红纱绣平金云龙海水纹标旗
清乾隆
通高129厘米 宽37厘米
清宫旧藏

Sign-flag of red gauze embroidered with clouds, waves and gold dragons
Qianlong period
Overall height: 129cm Width: 37cm
Qing Court collection

旗周边剪裁成锯齿形，本色纱滚边，上绣火焰纹。旗腰浅粉色，内撑以竹签，用时以标枪杆承之。杆为朱红，顶端贯以银粉枪头。旗两面纹样相同且重合，旗心平金绣升龙纹，下彩绣海水江崖、火珠、云纹。旗腰钤墨印"南府外头学 同乐园"、"静宜园"。

标枪旗也称门枪旗或"标子"，用时按色区分，四面为一堂，旗色应与执旗龙套和本方将官袍甲颜色相同，以示敌我。据《穿戴题纲》记载，昆曲《连环计》第四出《起布》中，吕布身穿白靠，并州刺史丁建阳身穿红蟒，他们各自军卒则持与本帅靠蟒相同颜色的门枪旗上场。

203

(1) 绿纱绣平金海水江崖云龙纹标旗
(2) 黄纱绣平金海水江崖云龙纹标旗

清乾隆
通高129厘米　宽37厘米
清宫旧藏

(1) Sign-flag of green gauze embroidered with clouds, dragons and waves done with gold thread
(2) Sign-flag of yellow gauze embroidered with clouds, dragons and waves done with gold thread

Qianlong period
Overall height: 129cm　Width: 37cm
Qing Court collection

两堂标枪旗形制同，唯颜色各异，旗腰浅粉，内撑以竹签，用时以标枪杆承之。旗身皆双面绣海水江崖云龙纹，龙纹平金。旗之左右边及下边均绣火焰纹。旗腰钤阳文墨印"南府外头学"、"同乐园"二方。

标枪旗为戏剧中兵丁所举的旗帜，在展现主帅升帐或行军之场面时，龙套持举之，以表示军威雄壮或千军万马之势，每四面组成一堂。

204

拼各色纱月华旗
清乾隆
长145厘米 宽140厘米
清宫旧藏

Flag made of multicolored gauzes with Tai Chi design done with gold and silver thread
Qianlong period
Length: 145cm Width: 140cm
Qing Court collection

旗正反两面纹饰同。中心为平金银太极图，各色纱成同心圆形，从里至外依次为红、粉、浅粉、水粉、白、湖、浅月白、月白、蓝，组成"月华光晕"。四角为黄纱，上缀果绿绸如意云头纹各一。四面镶红纱地曲齿边，上端接粉缎旗腰，用以插旗杆。

月华旗为戏曲演出中旗类道具，四面为一堂，兵卒使用，如剧中诸葛亮、关羽出场时，常以之为先导。

205

拼各色绸月华旗
清光绪
长119厘米 宽116厘米
清宫旧藏

Flag made of multicolored silk with cloud and bat design and "Yue" (the moon)
Guangxu period
Length: 119cm Width: 116cm
Qing Court collection

旗正反两面纹饰同。旗心白素绸地，中央"月"字为绸地本色，字轮廓外用枣红绒线绣成圆形，从而形成白字红地效果。在红底上缀数枚闪亮光片，四周饰五彩云蝠图案。旗心外围以绿、杏红、白、粉、湖、蓝、黄等七色素绸宽条，最外围以红绸宽边。红布旗腰，两端钉系带。

据升平署《穿戴题纲》记载，《钟馗嫁妹》、《霸王别姬》等戏，均有四卒子、四甲士手持月华旗出场。位列"同光十三绝"之首的程长庚，对月华旗的使用更有独到之处。在《战长沙》戏中，他上场之时，由四卒持月华旗遮住台口，少时闪开，程长庚所扮赤面美髯关羽已立于台上。

206

黄缎缀黑缎"令"字旗
清乾隆
长93厘米　宽86厘米
清宫旧藏

Flag of yellow satin with "Ling" (command) of black satin
Qianlong period
Length: 93cm　Width: 86cm
Qing Court collection

旗心黄缎，两面各缀以黑缎裁剪的"令"字，外围以红缎剪成的缘饰，旗腰绛红布，宽约寸许，一端缝有束紧旗杆的系带。

"令"字旗为剧中统帅发令或军士传令所用，用途广泛，均借旗来表现军事活动。如清代昆腔戏《霸王别姬》中的钟离昧和韩信背插令字旗，《问探》（《连环计》一折）中的探子上场时手持令字旗。

207

白素绸"报"字旗
清
长90厘米　宽83厘米
清宫旧藏

Flag of white plain silk with "Bao" (report) of green silk
Qing Dynasty
Length: 90cm　Width: 83cm
Qing Court collection

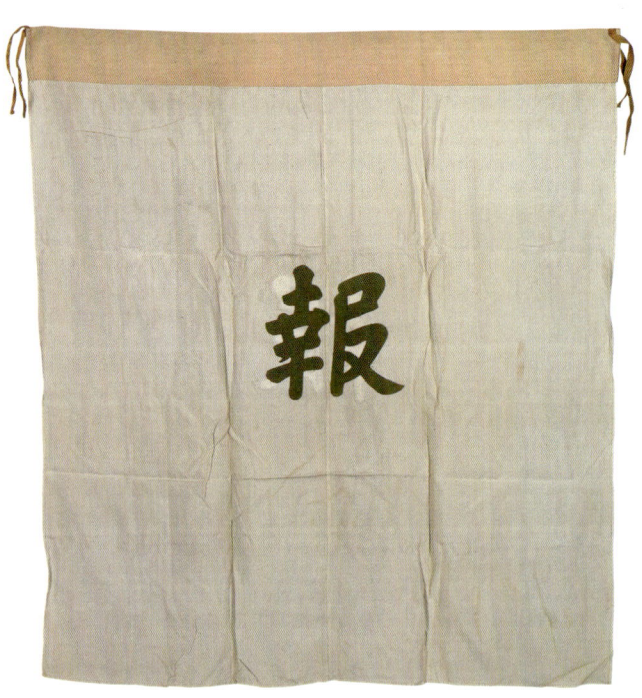

白素绸质地，镶浅粉布质旗腰，左右上角钉土黄布系带各二条。于正反两面之中心相对缀以绿绸质"报"字。

"报"字旗是剧中专司探听情报之探马手执之旗，如《空城计》与《连环计》中之探子所执旗即是。

208

白江绸绣飞虎旗
清乾隆
长197厘米 宽123.5厘米
清宫旧藏

Flag of white silk embroidered with colored design of clouds and winged tiger
Qianlong period
Length: 197cm Width: 123.5cm
Qing Court collection

白江绸质地，主体部位双面彩绣展翅飞虎与云纹。左右两边及下底镶红江绸绣平金火焰纹曲齿边，上端接粉红缎旗腰，用以插旗杆。旗腰钤篆体阳文朱印"升平署图记"一方。

此旗用色丰富，有深红、红、粉、墨绿、绿、水绿、蓝、月白、浅酱、香、香黄、黄、白、青等。运用套针、缠针、平针等针法。色彩艳丽，图案生动，制作精细。

飞虎旗属戏曲旗类道具，四面为一堂，兵卒使用。如《芦花荡》中张飞出场时，即用四面飞虎旗，以显示主帅之威。

209

绿缎绣云蝠纹飞虎旗
清道光
长113厘米 宽103厘米
清宫旧藏

Flag of green satin embroidered with clouds, bats and winged tiger
Daoguang period
Length: 113cm Width: 103cm
Qing Court collection

旗心为湖绿色缎，外围以红素绸宽边，缎与绸因质地不同而硬度有别，以绸做边，增加飘动效果，旗腰布质，一端缝系束带。旗双面绣飞虎图案，虎呈立姿，腋下生有双翅。虎身四面围以火纹，旗心四角各绣云蝠。

清宫中月令承应戏浴佛节所演《光开宝座》中，即有四将校手持飞虎旗上场。咸丰朝时，宫中如意馆画师所画《取金陵》戏画中，还保留了清代飞虎旗使用的形象资料。

210

红纱绣平金钉线车旗
清乾隆
长100厘米 宽90厘米
清宫旧藏

Flag of red gauze embroidered with wheel design done with gold thread
Qianlong period
Length: 100cm Width: 90cm
Qing Court collection

旗以红色实地纱为绣面，采用五彩丝线绣出轮骨，以赤圆金线平金绣轮外缘，间饰朵花。绣工精致，色彩艳丽雅致，构图逼真。

车轮旗为戏曲道具，有布、绸、纱等质地。用以虚拟车轮，表示角色所乘为车辇一类。在戏剧扮相中，除了诸葛亮、姜子牙两位男性角色使用外，大多数为女性所用，如《打龙袍》中的李后乘凤辇，即用车轮旗表示。

211

白缎绣平金"常胜将军赵"姓字旗
清光绪
长190厘米　宽110厘米
清宫旧藏

Flag of white satin embroidered with "Chang Sheng Jiang Jun Zhao" (the Invincible General Zhao)
Guangxu period
Length: 190cm　Width: 110cm
Qing Court collection

旗以白缎为地,衬白素布里。左右及下底镶青缎平金绣圆寿字折枝牡丹纹边,其中左右为曲齿边,下底为直边。旗上端接白布旗腰。旗杆左右上角钉白布系绳。

旗正中缠针绣"常胜将军赵"五个楷体大字,四周为云蝠和八宝纹。左边饰轮、螺、伞、盖,右边饰花、罐、鱼、盘长。字及花纹间遍施金属亮片。

姓字旗为戏曲旗类道具,此旗是三国戏中赵云的帅旗。

212

白缎绣红色"关"姓字旗
清光绪
长94厘米　宽69厘米
清宫旧藏

Flag of white satin embroidered with a red character "Guan" (General Guan Yu)
Guangxu period
Height: 94cm　Width: 69cm
Qing Court collection

白缎面,衬粉布里。以红色丝线绣"关"字居中,三面镶红缎宽边,上沿镶粉布边。内钉粉布袢,以固定旗杆。

"关"字旗,为《鼎峙春秋》等戏中关羽出场时使用。

213

浅粉色缎绣红色"三军司命"字旗
清光绪
长171厘米 宽118厘米
清宫旧藏

Flag of light pink satin embroidered with red characters "San Jun Si Ming" (commander of the Armed Forces)
Guangxu period
Height: 171cm Width: 118cm
Qing Court collection

浅粉缎面，衬浅玫瑰紫色布里。表面以红色丝线绣"三军司命"四个大字，三面镶红缎火焰边，内绣火焰纹，旗边镶月白绫滚边一道，火焰边缘亦镶月白绫滚边。衬里钉布袢一道，以固定旗杆。

"三军司命"旗为清宫三国大戏《鼎峙春秋》中统帅三军的周瑜登场时使用。

214

明黄缎绣平金"齐天大圣"旗
清乾隆
长180厘米 宽149厘米
清宫旧藏

Flag of yellow satin embroidered with "Qi Tian Da Sheng" (the Monkey King) done with gold thread
Qianlong period
Length: 180cm Width: 149cm
Qing Court collection

明黄缎面，黄素绸里。旗面用双圆金线，平金绣"齐天大圣"四字，以黑丝绒圈边。旗三面镶红缎火焰边，上沿镶粉缎边，钉粉缎带三对。

此旗为《升平宝筏》和昆曲《安天会》等戏中孙悟空受封"齐天大圣"时所用。

215

缠丝带彩色丝穗马鞭
清光绪
长74厘米
清宫旧藏

Horsewhips bound with silk ribbons and colored tassels
Guangxu period
Length: 74cm
Qing Court collection

三根皆木柄,缠粉红、绿色带,上系红、紫、黄、绿、蓝色丝线穗。

马鞭属戏剧道具,颜色有红、黄、白、黑等。戏剧中人物手持马鞭而舞,虚拟骑马奔驰;持鞭不舞,表示牵马而行。马鞭上系同色五绺丝穗则为武将所用。

216

长把子（之一）
清
(1) 黑漆彩绘云蝠杆丈八矛　通长197厘米
(2) 黑漆彩绘云蝠杆云龙纹刀　通长186厘米
(3) 黑漆彩绘云蝠杆三尖两刃刀　通长194厘米
(4) 金漆绘花卉纹杆枪　通长190厘米
(5) 红漆绘云蝠纹杆缨荷包枪　通长194.5厘米
清宫旧藏

Chang Ba Zi (props above a man's height) (1)
Qing Dynasty
(1) Spear with a black lacquer shaft painted with clouds and bats　Length: 197cm
(2) Broadsword with a black lacquer shaft painted with clouds and dragons　Length: 186cm
(3) Broadsword with three points and two blades, and with a black lacquer shaft painted with clouds and bats Length: 194cm
(4) Lance with a golden lacquer shaft painted with floral design　Length: 190cm
(5) Lance with a red lacquer shaft painted with clouds and bats decorated with red tassels　Length: 194.5cm
Qing Court collection

长把子指与人等高甚至超出身高的戏曲道具，包括刀、枪、钺、戟等兵器，也有玉棍、金瓜、朝天镫、荷包枪等銮驾仪仗，甚至还有拐杖等日常用具。

矛，木质，矛头较扁，涂银粉，下束红缨。矛杆细长，髹黑漆彩绘云蝠纹。其钻呈圆状，并涂以金、银粉。此矛为三国戏中张飞所用。

刀，木质，刀身长于一般刀，黑漆地绘海水江崖和龙戏火珠纹。刀背双面木刻起线，刀鼻根部木刻旋纹，束红缨。柄端木雕刀钻。此刀为三国戏中关羽所用。按戏班规矩，把子箱中神佛及重要人物所用道具，不许随意乱动，关公所用大刀也包括在内。

三尖两刃刀，木质，顶端为三尖，两侧双刃，刀身双面嵌凸起龙戏火珠及云纹。杆髹黑漆彩绘云蝠纹，刀钻沥粉贴金云纹。此刀为神话剧中二郎神杨戬专用。

枪，木质，枪头阔大，涂银粉。下束红缨。枪杆粗长，以金漆为地，上用黑漆绘花卉纹。钻尖涂银粉装饰。为《挑滑车》中高宠使用。

荷包枪，木质，枪杆细长，上红漆绘云蝠纹。枪头涂银粉，下束红缨，钻尖涂金粉。是御林军出场时所持仪仗兵器。

217

长把子（之二）
清
(1) 红漆绘云蝠杆龙头拐杖
    通长170.7厘米
(2) 红漆彩绘云蝠杆象鼻刀
    通长174厘米
(3) 金漆雕云龙纹棍 通长186厘米
(4) 金漆杆嵌料珠坤刀 通长161厘米
(5) 青鲨鱼皮杆镀金龙吞口火珠铁刀
    通长177厘米
清宫旧藏

Chang Ba Zi (props above a man's height) (2)
Qing Dynasty
(1) Red lacquer walking stick with clouds, bats and a dragon-head top
    Length: 170.7cm
(2) Broadsword in trunk shape with a red lacquer shaft painted with clouds and bats   Length: 174cm
(3) Golden lacquer stick carved with clouds and dragons   Length: 186cm
(4) Broadsword inlaid with glass beads and a golden lacquer shaft
    Length: 161cm
(5) Iron broadsword with a fiery ball in a gilded dragon's mouth and a green sharkskin shaft   Length: 177cm
Qing Court collection

拐杖，木质，杆端镶木雕龙头，髹金漆。为保证拐杖不因使用频繁或年久而引起变形，杖身采用三根与杆等长杉木，纵向拼接粘合，杆外裹灰缠麻，髹以朱漆，再彩绘云蝠纹样。龙头拐杖在剧中为御赐之物，多由国太、老年诰命夫人所持。如京剧《大登殿》中王夫人，《破洪州》中佘太君等。

长把子中的兵器多由长靠武生所执，以表现两军对垒时马上战将骁勇风度和英雄气魄。刀枪等是常用的兵器，此外还有一些特定人物所用的兵器，如《定军山》黄忠、《李陵碑》杨继业使用的象鼻刀以及女中豪杰使用的坤刀等。

棍，木质，通体髹金漆，雕双龙戏珠、连云、海水江崖纹。两端光素。此棍在戏中表示御赐之物，可置于九龙口，意为"三尺禁地"，由小太监配对执举。

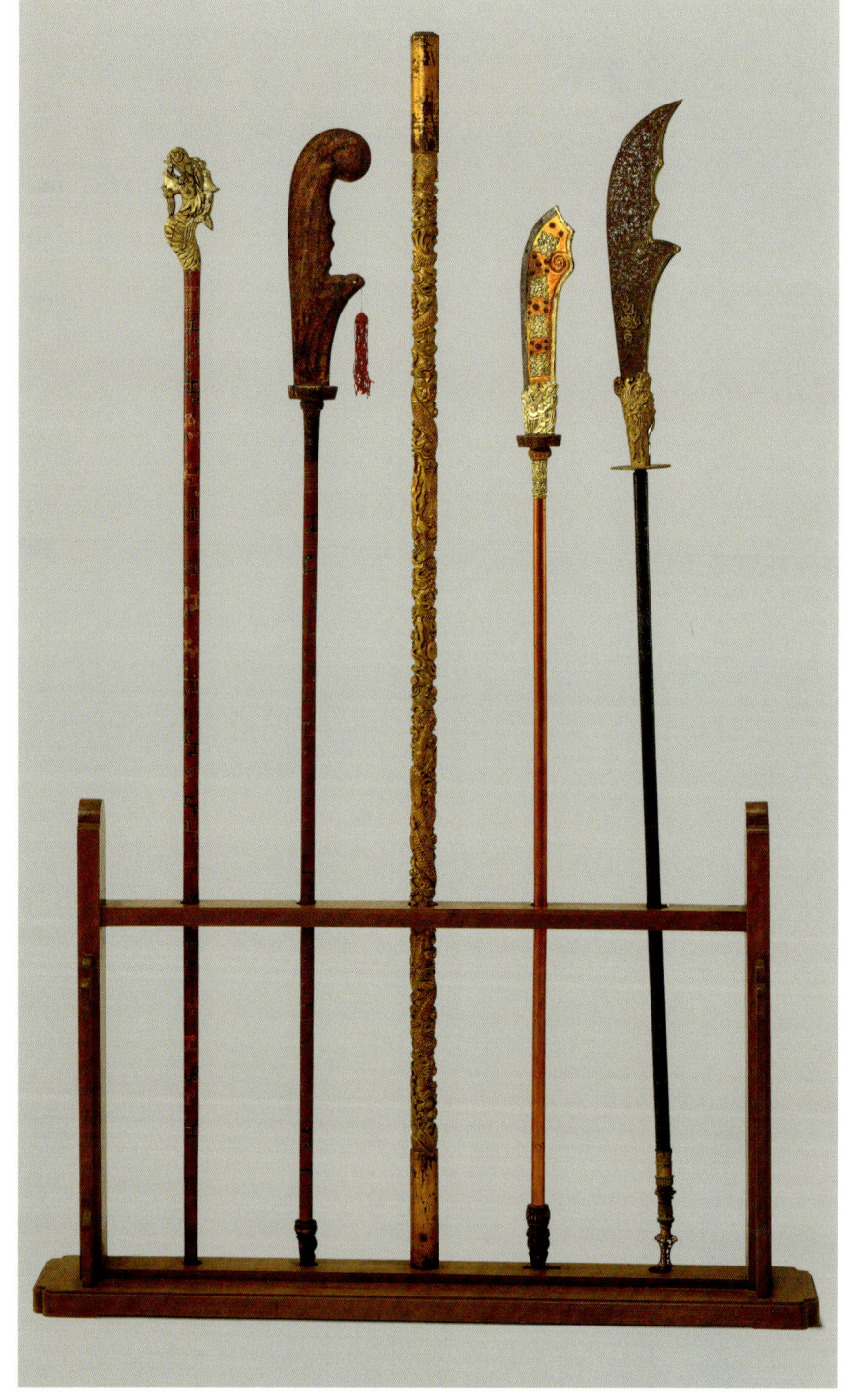

218

西游记道具
清
(1) 九连环锡杖　通长191厘米
(2) 金箍棒　通长157.5厘米
(3) 黑漆绘云蝠纹杆九齿钉耙　通长144厘米
(4) 黑漆绘云蝠杆双头铲　通长170.5厘米
清宫旧藏

Props for *Journey to the West*
Qing Dynasty
(1) Buddhist abbot's staff　Length: 191cm
(2) Golden cudgel　Length: 157.5cm
(3) Nine-tooth iron rake with a long black lacquer handle painted with clouds and bats　Length: 144cm
(4) Double-edged spade with a long black lacquer handle painted with clouds and bats　Length: 170.5cm
Qing Court collection

九连环锡杖，木质，其上端为银漆六棱柱，柱之上下端固定有三个勾莲状小环连属而成的较大型三环，均匀分布于六棱柱周。三环各穿铜片二。环下柱上串有上下相扣的小铜钹两个。杆髹红漆，彩绘云蝠纹。为剧中饰唐僧者用之。

金箍棒，木质，通身髹金漆，为剧中扮孙悟空者用之。

九齿钉耙又称"八戒耙"，木质，耙上插九齿，齿涂银粉，耙体其余髹黑漆。柄上彩绘云蝠纹。为剧中饰演猪八戒者用之。

双头铲，上部月牙形铲头较大，下部铲较小，双铲刃部涂银粉。其杆细长，髹黑漆，上绘五彩云蝠纹。为剧中饰演沙僧者用之。

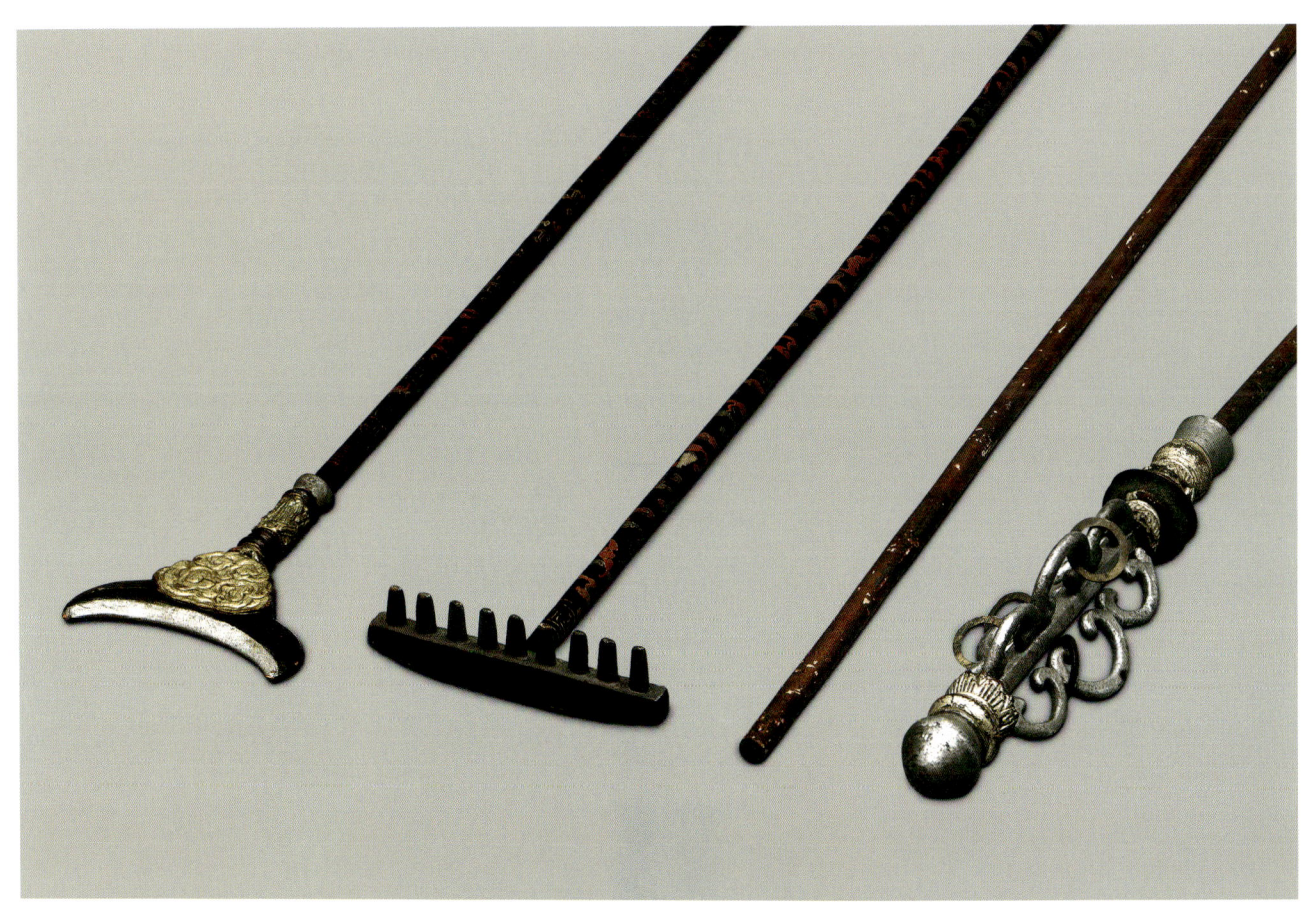

219

绿鲨鱼皮鞘铜錾花腰刀
绿鲨鱼皮鞘铜錾花双剑
清
腰刀长99厘米
双剑长104.8厘米
清宫旧藏

Copper waist knife with carved design and a green sharkskin sheath
Twin copper swords with carved design and a green sharkskin sheath
Qing Dynasty
Knife length: 99cm
Sword length: 104.8cm
Qing Court collection

腰刀，木质，刀身窄长略弯，涂银粉。刀柄护手圆盘形，铜质，柄尾镶铜饰套，柄把用黄色绦带缠编人字花纹。刀身外配刀鞘，以薄木做胎，外包染绿鲨鱼皮，镶嵌鎏金錾莲纹铜饰。腰刀是一种用于劈砍的格斗短兵器，是剧中武将、校尉、旗牌、中军、家将等常备的兵器。清宫昆曲杂戏《刘唐》中，朱同即佩带腰刀。

双剑合股插于一鞘，剑身木质，剑锋呈三角锐形，俱涂银粉。剑把部分之镡与首为铜镀金质錾花缠枝牡丹纹，剑把上缠以黄色丝带。剑鞘为绿鲨鱼皮质，鞘上饰铜镀金錾花缠枝牡丹纹。双剑是戏曲舞台刺杀类武器道具，如京剧《金山寺》中白娘子即用之。

220

七星宝剑
清
通长113.7厘米
清宫旧藏

Wooden sword painted with seven stars
Qing Dynasty
Length: 113.7cm
Qing Court collection

木质，剑身涂银粉，两侧绘七星纹，剑中为深蓝色，刃为浅黄色。剑把之镡相连处刻兽头纹涂金粉，柄为灰、黑、白三色绘人字形纹，似缠彩带，柄端为镂空如意形，上涂金粉，下系黄色丝穗两组与光珠相连。

此剑为清宫乱弹单本戏《借东风》中诸葛亮登坛做法时使用。

221

黑漆柄髹金漆嵌料珠瓜形锤
清
通长67.7厘米
清宫旧藏

A pair of golden lacquer hammers in melon shape with glass bead inlays and a black lacquer handle
Qing Dynasty
Length: 67.7cm
Qing Court collection

锤纸质，外髹金漆。六瓣圆顶瓜形，顶镶嵌圆玻璃镜一，瓜瓣处刻凸形勾莲藤蔓纹，嵌翠绿玻璃珠一，瓜与柄相接处为莲云纹，柄为木质涂黑漆。

瓜形锤为一对，在清晚期升平署本乱弹单出戏《八大锤》中，岳云即使用此锤。

222

短打武器

清
(1) 木缠彩带柄涂银粉方节鞭
    通长77.6厘米
(2) 黑漆绘云蝠柄涂金粉锏
    通长78.2厘米
(3) 红漆绘云蝠短柄涂金粉狼牙棒
    通长61厘米
(4) 黑漆绘云蝠柄涂金粉圆节鞭
    通长98.3厘米
清宫旧藏

Wooden weapon props
Qing Dynasty
(1) Square bamboo-joint-shaped whip silver-coated with a wooden handle bound with colored ribbon
    Length: 77.6cm
(2) Mace gold-coated with a black lacquer handle painted with clouds and bats
    Length: 78.2cm
(3) Spiked club gold-coated with a red lacquered handle
    Length: 61cm
(4) Chain whip gold-coated with a black lacquer handle painted with clouds and bats
    Length: 98.3cm
Qing Court collection

圆节鞭、狼牙棒、锏、方节鞭均木质，其形制各异。

方节鞭通体涂银粉，鞭体上部饰金漆束腰莲瓣纹。柄缠布质彩带，饰金漆莲瓣纹。

锏身扁长柱形，两侧棱角为刃，面中间内凹涂金粉，柄髹黑漆绘云蝠纹。锏为单用，亦可双用。如清宫乱弹单本戏《千秋岭》中，秦琼出场即持双锏。

狼牙棒，棒体六棱形，排钉，涂金粉，柄髹朱漆。狼牙棒在戏中使用，远不如刀、剑等广泛。如清宫单出戏《恶虎村》中武天虬、连台戏《封神天榜》中温良所执兵器，即为双狼牙棒。

圆节鞭，竹节形，共17节，上小下大，顶端为圆形，在14节处饰仰俯莲瓣纹。鞭可双用，亦可单用，如清宫单本戏《收虎关》中高旺使用单鞭、《雁翎甲》中呼灼用双鞭。

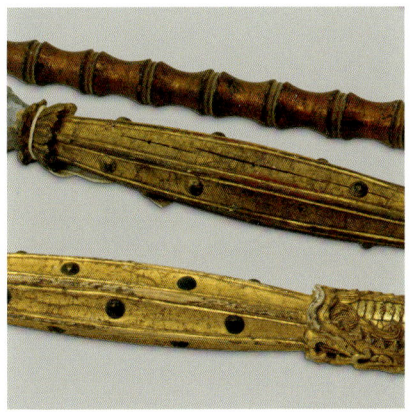

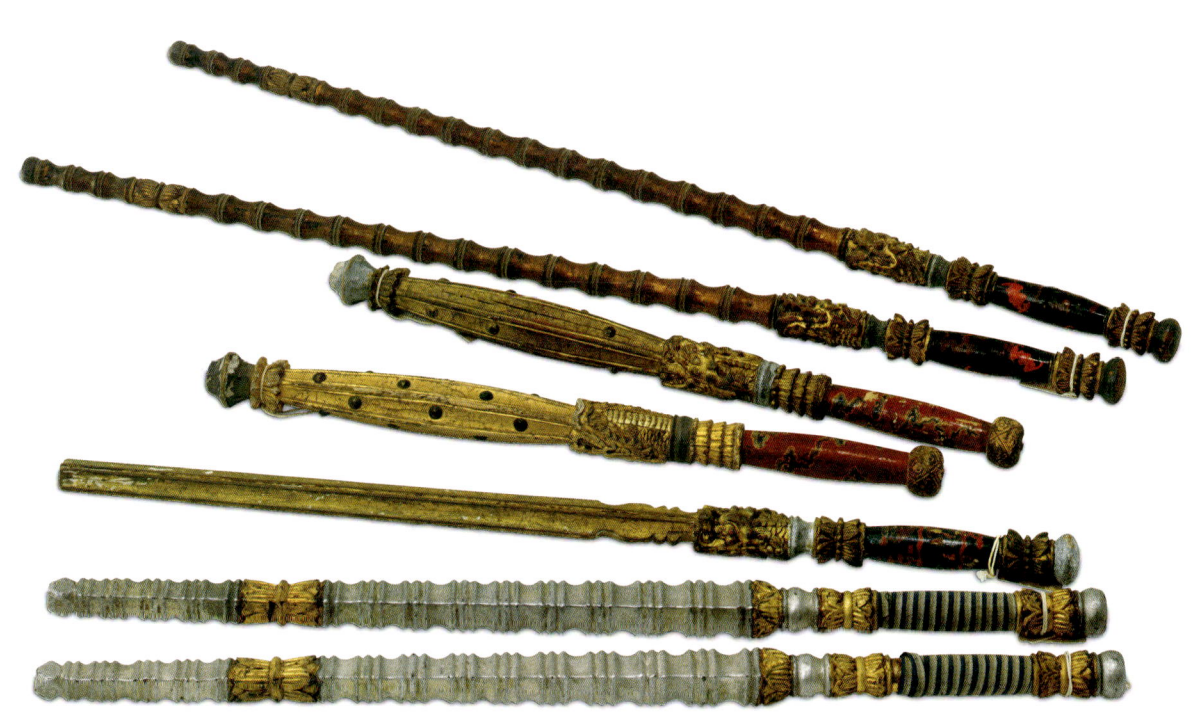

223

红漆鬼头刀
清
通长85厘米
清宫旧藏

Red lacquer broadsword with a handle carved with the devil's head
Qing Dynasty
Length: 85cm
Qing Court collection

木质，刀体长而有刃，刀首宽阔，刀面雕火焰纹并以红漆髹饰。其刃薄，以银粉涂之。刀之柄部呈椭圆状并漆以红漆，花瓣式护挡，其柄首雕鬼头，面目狰狞。

224

木彩绘虎头纹枷
清
通长73.2厘米
红漆木带铁链手铐
宽27厘米
叶形刻秋字铜刑锭
长11.5厘米 宽7厘米
清宫旧藏

Red lacquered wood-cangue painted with a tiger head
Length: 73.2cm
Red lacquered wood-handcuffs with an iron chain
Width: 27cm
Copper instrument of torture with a chain and leaf-like plaques inscribed with "Qiu" (autumn)
Length: 11.5cm Width: 7cm
Qing Dynasty
Qing Court collection

三件均为戏曲道具之刑具。枷用以束缚剧中犯人之颈部，木质，上阔下窄，以左右两扇相合为一，中空。此枷通体朱漆，上端前后彩绘虎头纹样，用以显示律法之威严。

手铐也称"手桔"，以拘人之手腕。木质，呈扁体双圆连环状，以整木雕制而成，通身用红油漆饰。手铐正中缀以互为连属的铁链。

锭，锁于剧中人之颈背部。铜质，其链以小椭圆状铜环首尾相扣而成，链之两端为片状叶形阴刻"秋"字纹锭。

225

象牙笏朱书"普天同庆班"仪仗模型
清光绪
笏高55厘米 座高24厘米
清宫旧藏

Ivory tablet for the Pu Tian Tong Qing Theatrical Troupe with stand
Guangxu period
Tablet Height: 55cm
Stand Heightd: 24cm
Qing Court collection

笏板为象牙质地,上窄下宽,板身呈弧状,其正面楷体朱书"普天同庆班"五字。其架木质,左右柱端及牙板髹墨绿,余皆髹以朱漆装饰。

"普天同庆班"系清晚期宫中太监组成的戏班,又称本家班,由慈禧亲自组建并调教。与升平署等戏班并行。

戏曲图册、剧本

Drama Albums and scripts

226

清人画戏剧图册《群英会》
清咸丰　绢本设色
长56.5厘米　宽56厘米
清宫旧藏

Stage painting *Qun Ying Hui* (or *The Gathering of Heroes*)
Xianfeng period
Color on silk
Length × Width: 56.5 × 56cm
Qing Court collection

此画表现的是《群英会》中"蒋干盗书"一幕。赤壁之战前，曹操谋士，也是周瑜的故友蒋干过江访瑜。瑜知其为刺探军情而来，故伪造曹军将领蔡瑁、张允的反书，设计诱蒋盗去。同时，设宴款待蒋干，并赐剑于太史慈，命作监酒令官，规定席间但叙旧情，禁提军旅之事，违者处斩。画中把周瑜的佯醉失态，蒋干谨慎应酬，太史慈为监酒而拔剑，以及鲁肃、诸葛瑾两谋士的不露声色，都表现得淋漓尽致。

《群英会》内容取材于《三国演义》，除"蒋干盗书"外，还有"草船借箭"、"苦肉计"、"打黄盖"等情节，通过周瑜、诸葛亮二人的智计较量而层层展开。

戏剧图册系宫中如意馆画师秉承皇帝旨意所作，其内容多为表现剧情内容或展示剧中某个故事情节。

227

清人画戏剧图册《定军山》
清咸丰　绢本设色
长56.5厘米　宽56厘米
清宫旧藏

Stage painting *Ding Jun Shan* (or *The Ding Jun Mountain*)
Xianfeng period
Color on silk
Length × Width: 56.5 × 56cm
Qing Court collection

此图内容取材于《三国演义》，描写刘备部下老将军黄忠率军攻打曹军重镇定军山，与守将夏侯渊激战，不分胜负。后黄忠利用双方交换所擒将士之机，箭射夏侯渊之子夏侯尚，渊怒追忠至荒郊，黄忠用拖刀计将渊斩之。图中撷取此戏的单一场面，细致而真实地表现了戏中角色的情态。

228

清人画戏剧图册《阳平关》
清咸丰　绢本设色
长56.5厘米　宽56厘米
清宫旧藏

Stage painting *Yang Ping Guan* (or *The Yang Ping Pass*)
Xianfeng period
Color on silk
Length × Width: 56.5 × 56cm
Qing Court collection

此图内容取材于《三国演义》，又称《子龙护忠》。曹操闻报黄忠斩夏侯渊，夺定军山，于是亲率大军至阳平关报仇。诸葛亮得信后，欲烧其粮草辎重，以挫曹军锐气。黄忠再次请令，赵云恐其连战劳倦，愿代出战，但黄忠却执意前往。果然在焚粮之后，被曹军所困，幸得诸葛亮派赵云救援，方得突围而归。是画表现了黄忠夜闯曹营身陷重围这一幕。画中曹营诸将在曹操的指挥下将黄忠团团围住。黄忠年龄老迈却精神抖擞，以寡敌众，奋力厮杀。

《阳平关》为著名京剧表演艺术家谭鑫培的代表剧目之一。此剧还有徐晃兵败汉水、王平投诚、魏蜀兵戎大战等情节。

229

清人画戏剧图册《彩楼配》
清咸丰　绢本设色
长56.5厘米　宽56厘米
清宫旧藏

Stage painting *Cai Lou Pei* (a story about a woman threw an embroidered ball from a tower to choose her husband)
Xianfeng period
Color on silk
Length×Width: 56.5×56cm
Qing Court collection

此戏内容描写的是，唐朝丞相王允的三女儿王宝钏，抛彩球选中薛平贵为婿。王允嫌贫爱富，父女决裂，宝钏赴寒窑与平贵成亲。后平贵从军征西凉，西凉王将女儿代战公主许婚薛平贵，并继王位。十八年后，平贵射雁得王宝钏血书，私自返唐至武家坡与宝钏相见。此时，王允谋篡帝位，欲杀平贵，代战公主率西凉兵助平贵攻取长安，薛平贵自立为帝，分封王宝钏和代战公主。此图所绘为王宝钏奉旨于相府高搭彩楼抛球选婿，最终选中时为乞丐的薛平贵这一幕。

230

清人画戏剧图册《探母》
清咸丰　绢本设色
长56.5厘米　宽56厘米
清宫旧藏

Stage painting *Si Lang Tan Mu* (the 4th son of Yang family visiting his mother)
Xianfeng period
Color on silk
Length × Width: 56.5 × 56cm
Qing Court collection

此戏内容取材于《杨家将演义》。描写北宋时，名将杨业之四子杨延辉与辽军作战被俘，更名异姓为木易，并被辽国招为驸马。后闻其母佘太君押粮征辽，四郎思母心切，急于出关探望。铁镜公主知悉事由后，私自盗取令箭，帮助杨四郎顺利出关。画面表现的正是铁镜公主盗取令箭，助四郎出关一幕。

231

清人画戏剧图册《洪洋洞》
清咸丰　绢本设色
长56.5厘米　宽56厘米
清宫旧藏

Stage painting *Hong Yang Dong (Hong Yang Cave)*
Xianfeng period
Color on silk
Length × Width: 56.5 × 56cm
Qing Court collection

此戏内容取材于《杨家将演义》，又名《孟良盗骨》。北宋时，杨延昭命孟良前往辽邦洪洋洞盗取其父杨业骸骨，焦赞暗随相助，但因洞内黑暗，被孟良误以为敌，用斧劈死。孟发现后惊悔欲绝，将遗骨托人带回后自刎身亡。杨延昭闻噩耗痛不欲生，重病而亡。

是画选取了孟良受命之托这一情节。杨延昭、杨宗保等人的目光均流露出殷切的期盼和重托。孟良抱拳相拜表示决心。唯独站一旁的焦赞低头不语，游离于众人之外，表现出他内心耻不被命，暗自思量的心情。

232

清人画戏剧图册《艳阳楼》
清咸丰　绢本设色
长56.5厘米　宽56厘米
清宫旧藏

Stage painting *Yan Yang Lou* (or *The Yan Yang Building*)
Xianfeng period
Color on silk
Length × Width: 56.5 × 56cm
Qing Court collection

此戏又名《拿高登》，故事描写宋代权臣高俅之子高登，仗父权势横行乡里。清明时节赴蟠桃盛会，路遇徐士英（绰号青面虎）一家郊外扫墓。高见徐妹佩珠颇有姿色，遂起歹意抢掳而去，囚禁在艳阳楼。徐士英救妹急迫，恰遇梁山后裔花逢春、呼延豹、秦仁，三英雄决定挺身而出。四人商定夜入高宅，于艳阳楼救出徐妹，合力杀死高登。

是画表现了徐士英失妹后恰遇三英雄诉说的场景。三人听后表现各不相同：秦仁轻佻手指，表现出对高登的藐视；呼延豹怒目撇嘴；花逢春摩拳擦掌，已按捺不住。姿态表情虽异，但均表现出拔刀相助的仗义之情。

233

清人画戏剧图册《庆顶珠》
清咸丰　绢本设色
长56.5厘米　宽56厘米
清宫旧藏

Stage painting *Qing Ding Zhu* (*The Qing Ding Pearl*)
Xianfeng period
Color on silk
Length × Width: 56.5 × 56cm
Qing Court collection

《庆顶珠》又名《打渔杀家》。故事讲述梁山受朝廷招安，好汉阮小七遂退隐而去，更名萧恩，与女儿萧桂英以打渔为生。土豪丁自燮三番五次派人向萧恩催讨渔税，并指使打手到萧家勒索，被萧恩与当年梁山兄弟倪荣、李俊痛打一顿逃回去了。萧恩到县衙告状，反被县官吕子秋杖责四十，还逼萧恩去丁家赔礼。萧恩无奈以献"庆顶珠"赔罪为由进入丁府，杀丁自燮一家，萧恩随后自刎。画面展示当是老英雄萧恩痛打丁府爪牙的情景。

234

清人画戏剧图册《镇潭州》
清咸丰　绢本设色
长56.5厘米　宽56厘米
清宫旧藏

Stage painting *Zhen Tan Zhou (Tan Zhou Garrisoned)*
Xianfeng period
Color on silk
Length × Width: 56.5×56cm
Qing Court collection

故事取材于《说岳全传》，又名《九龙山》。南宋时，杨家将后代杨再兴聚义九龙山，进犯潭州，岳飞奉命救援。岳知杨为忠良之后，有意以独斗方式降服，收为臂助。但杨精于家传枪法，岳飞一时难以力胜。无奈中夜梦杨家先人向其传授杨家梅花枪法及撒手锏。次日再战，岳飞依其招法，果然取胜，杨再兴折服并率部归降。是画所表现正是托梦这一幕，杨继业头戴大镫，身穿氅衣，正向岳飞传授枪法，岳飞则双手抱拳拜谢。岳飞头戴夫子盔，身扎硬靠，背插靠旗，则说明了人物身不卸甲，已处于临战状态。

《镇谭州》是程长庚擅演剧目之一，他特定春节必演《镇潭州》、《定军山》两出应节戏，以祈盼新的一年里，如逢艰辛或滞碍，都能积极突破。

235

清人画戏剧图册《恶虎村》
清咸丰　绢本设色
长56.5厘米　宽56厘米
清宫旧藏

Stage painting *E Hu Cun* (*E Hu Village*)
Xianfeng period
Color on silk
Length × Width: 56.5 × 56cm
Qing Court collection

此戏又名《三义绝交》，故事出自《施公案》。讲述清代康熙年间，人称"施青天"的施世纶自江都卸任奉诏进京，途经恶虎村，被普天求、武天虬劫持入庄，欲为被施公擒获的绿林兄弟报仇。普、武之结义兄弟黄天霸与镖客李坤入庄救施。虬夫妇被黄所杀，普自刎，黄天霸火烧庄院，并随施上任。画面表现当是黄、普、武三人相见时的情景。

236

《喜朝五位 岁发四时总本》(南府抄本)
清乾隆
21.4×15.6厘米
清宫旧藏

A script of the opera *Xi Chao Wu Wei Sui Fa Si Shi* (the 1st drama performed for the Qing emperor and empress on the New Year's Day)
Qianlong period
A transcript of Nan Fu (the former Court Theatrical Office), Qing Dynasty
21.4×15.6cm
Qing Court collection

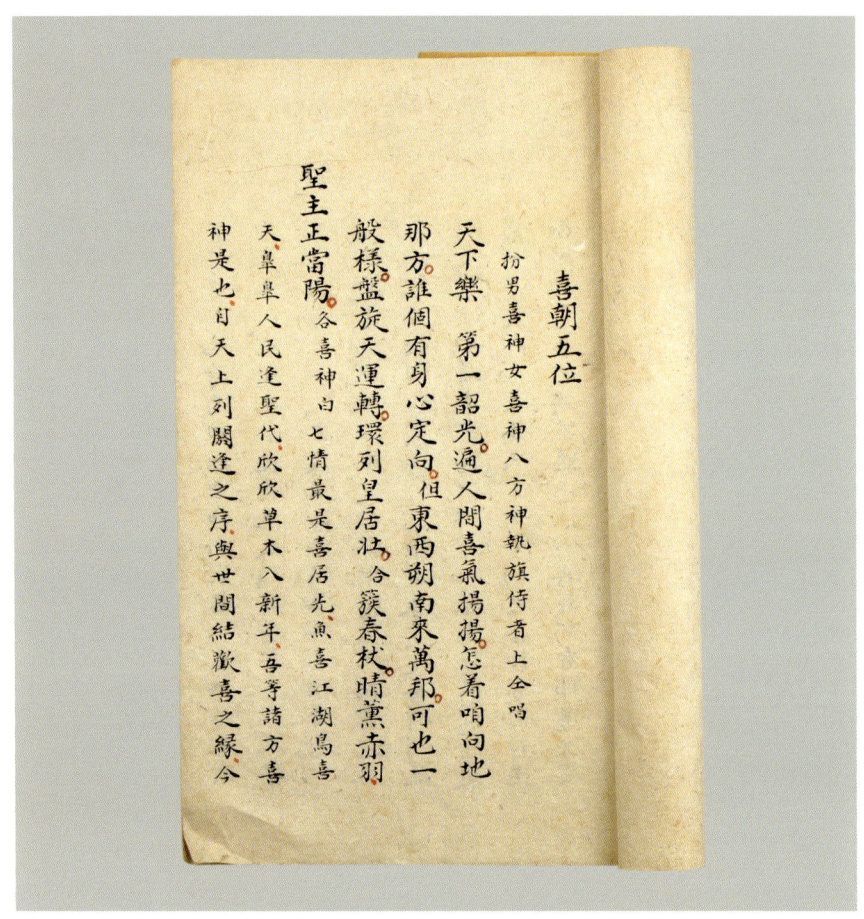

所谓总本，即包括全剧人物上下场、唱词、念白及动作等内容的剧本。此剧本书衣黄色，红书签双栏，墨笔楷书"喜朝五位 岁发四时"八字，书页无框栏行格。半页八行，行二十字，小字同，抬头行二十二字。墨笔楷书，朱笔句读。一本二出，昆腔。

此本是清代宫廷月令承应戏——元旦承应剧目之一。月令承应，又称节令承应戏，遇元旦（正月初一）、立春、上元（正月十五）、燕九（正月十九丘处机诞辰）、花朝（二月十五日百花生日）、浴佛（四月初八佛诞日）、端阳、七夕、中元（七月十五）、中秋、重阳、颁朔（十月初一，皇帝在午门颁发第二年的历书）、冬至、腊日（十二月初八）、祀灶（十二月二十三）、除夕等节令，南府都要依节令演出不同内容的戏曲。《喜朝五位 岁发四时》则是清宫元旦日为帝后演的第一部戏。乾隆时，南府于元旦正三刻入重华宫，卯初在重华宫漱芳斋大戏台为乾隆皇帝首演此剧，然后再续演其他剧目。

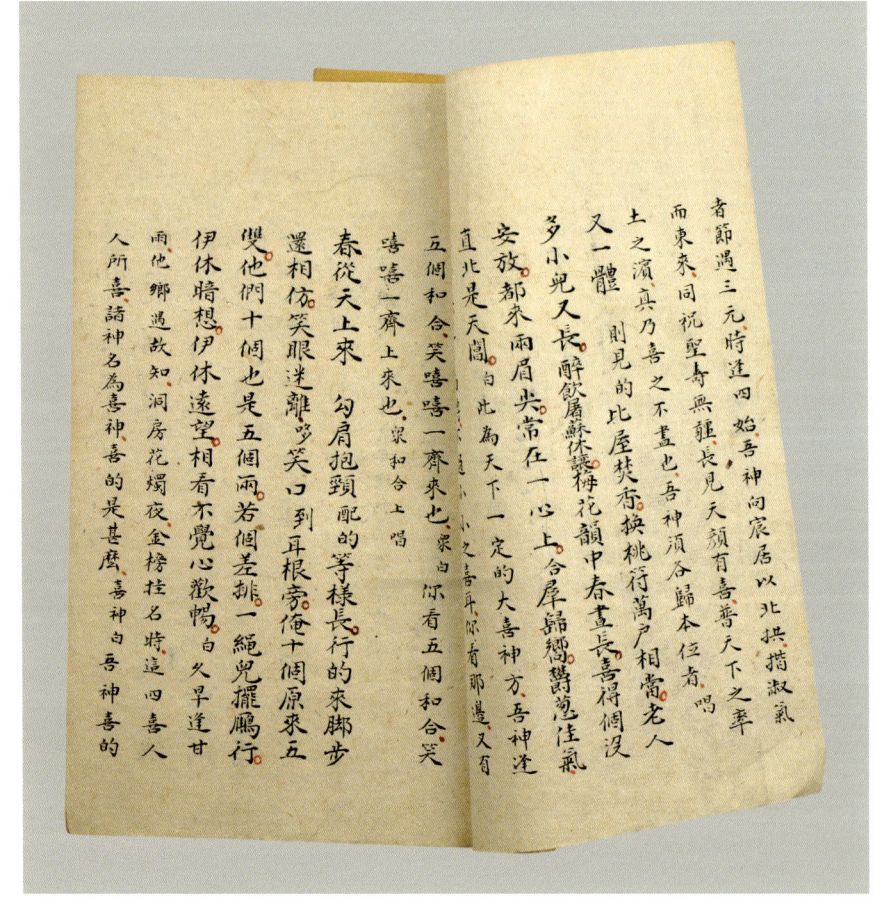

237

《迓福迎祥总本》（升平署抄本）
清
24.5×16.5厘米
清宫旧藏

A script with stage directions of the opera *Ya Fu Ying Xiang* (a story of Guardian of the Earth)
Qing Dynasty
A transcript of the Court Theatrical Office, Qing Dynasty
24.5×16.5 cm
Qing Court collection

书衣黄色，朱红书签双栏，墨书"迓福迎祥总本"六字，半页五行十四至十五字，小字同，墨笔楷书，朱笔句读，唱词旁附注板眼曲谱。为单出戏演出本，昆腔。

此剧内容为地藏王菩萨故事：地藏教主得道之日，十殿阎君率众判官，同往九华山叩贺，迓以洪福，呈祥法座。此剧是清宫月令承应戏中的剧目之一，自唐宋以来，农历七月十五日，成为民间祭祖节令，俗称"中元节"。清代宫中承应戏曲，仿古时僧寺作盂兰盆会之俗。其内容多为佛道除恶扬善故事。

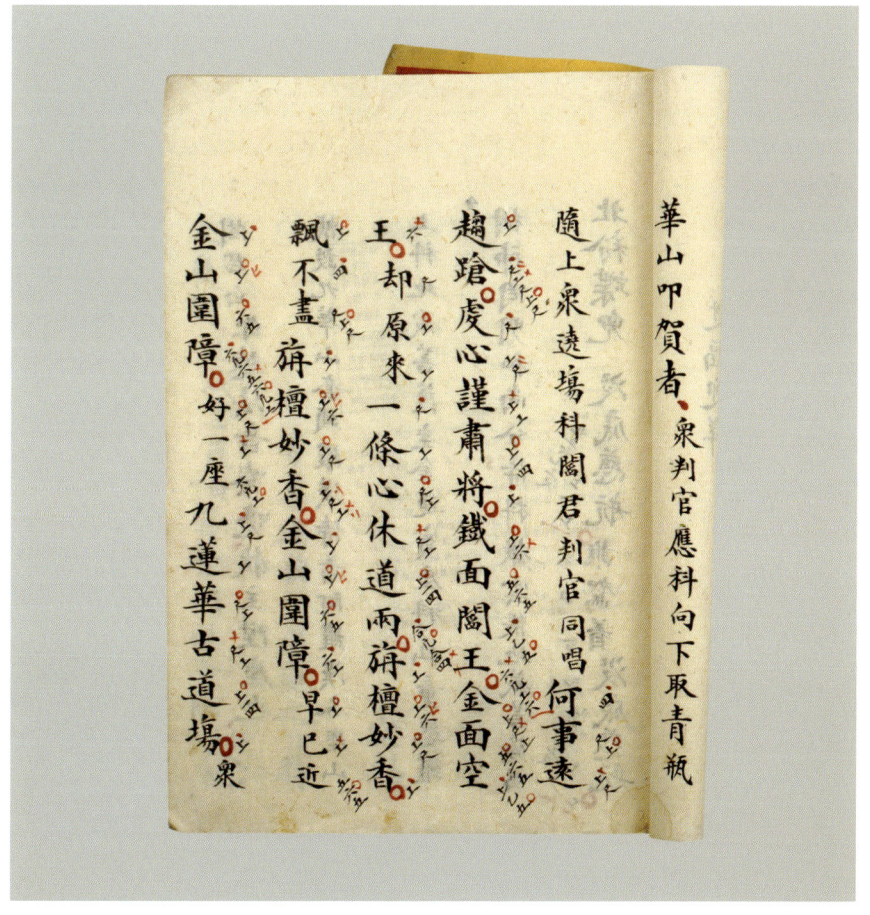

238

《万象春辉总本》(升平署抄本)
清
23.9×15.2厘米
清宫旧藏

A script with stage directions of the opera *Wan Xiang Chun Hui* (a drama performed on the birthdays of the emperor and empress)
Qing Dynasty
A transcript of the Court Theatrical Office, Qing Dynasty
23.9×15.2cm
Qing Court collection

书衣黄色，红书签双边，墨笔楷书"万象春辉总本"六字。书页无框栏行格。墨笔楷书，朱笔句读。唱词旁附注板眼曲谱。一本六出，昆腔。

此剧本内容为东华帝君会集三岛群仙赴神州朝贺，呈祥献瑞的故事。共六出，第一出：东皇宣谕，东华帝君遣广成子邀集群仙赴神京祝福朝元、呈祥献瑞。第二出：强柳欺桃，小柳精遣葛藤娘子向桃花仙求婚，遭拒绝。第三出：桃柳争春，小柳精强抢桃花仙女，败逃。第四出：左道惑众，小柳精往岳阳楼求助于假冒纯阳祖师的严洞宾。第五出：严吕斗法，吕洞宾朝贺途中遇小柳精战桃花仙女，吕洞宾以五雷神收服严洞宾。第六出：撷芳献瑞，八仙等聚齐皇都，于阙前献舞歌唱。此剧在皇帝万寿节或皇后千秋节（即帝后生日）时演出。

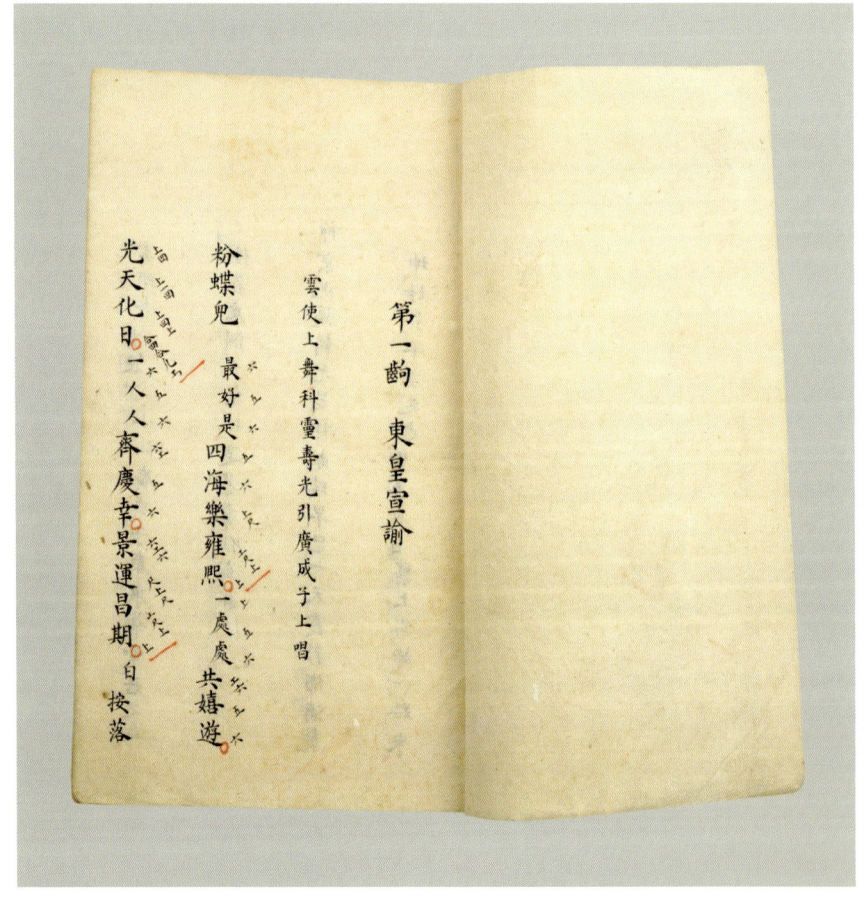

239

《胖姑总本》（升平署抄本）
元·吴昌龄撰
22.1×12.9厘米
清宫旧藏

A script with stage directions of the opera *Pang Gu* (a plump woman) (a copy for the emperor and empress during performance)
Written by Wu Changling, Yuan Dynasty
A transcript of the Court Theatrical Office, Qing Dynasty
22.1×12.9cm
Qing Court collection

书衣黄色，墨书题签"胖姑总本"四字。书页无框栏行格，半页六行，行二十字，小字同。墨笔楷书，朱笔句读，系昆弋腔单出本。剧本有"安殿本"和"演出本"之分，仅有唱词、念白文字内容和句读者，是供帝后观戏时用的，称"安殿本"。唱词旁附注板眼曲谱的，是供演员和演奏者使用的，称"演出本"。此剧本楷书精写，是专供帝后看的"安殿本"。

《胖姑》系《西游记》之一折，演示唐三藏西天取经，文武百官于十里长亭饯行，胖姑前去看热闹，回家后与爷爷学舌的故事。

吴昌龄，元初戏剧家，生卒不详，西京（今山西大同）人，著有杂剧十二种。是元代写西游戏最多的作家，著有西游故事杂剧三种。

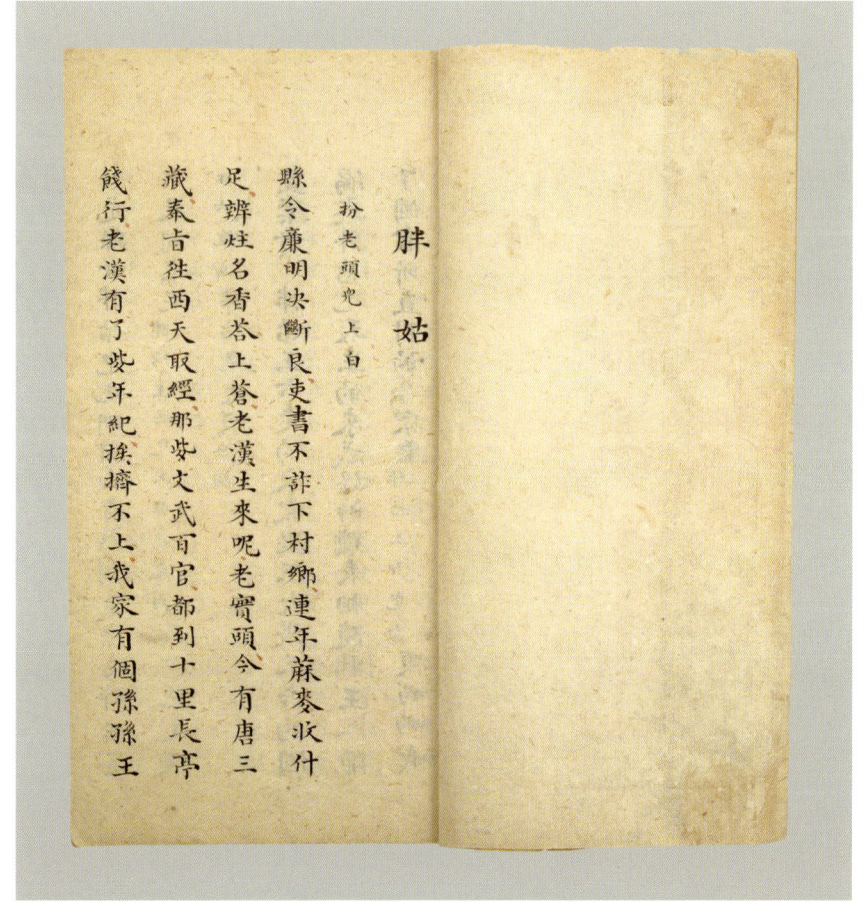

240

《胖姑总本曲谱》(升平署抄本)
元·吴昌龄撰
24.5×14.4厘米
清宫旧藏

A script with stage directions of the opera *Pang Gu* (a plump woman) (actors' copy)
Written by Wu Changling, Yuan Dynasty
A transcript of the Court Theatrical Office, Qing Dynasty
24.5×14.4cm
Qing Court collection

白纸书衣,墨书签"胖姑总本曲谱"等字,书页无框栏行格,半页四、六行不等,行十二至二十四字不等。墨笔楷书,朱笔句读。唱词旁附注曲谱点板,末页朱笔书"光绪四年十月十三日点完"。

此剧本内容与前面"安殿本"同,唯多了板眼曲谱,是专供演出人员使用的"演出本"。

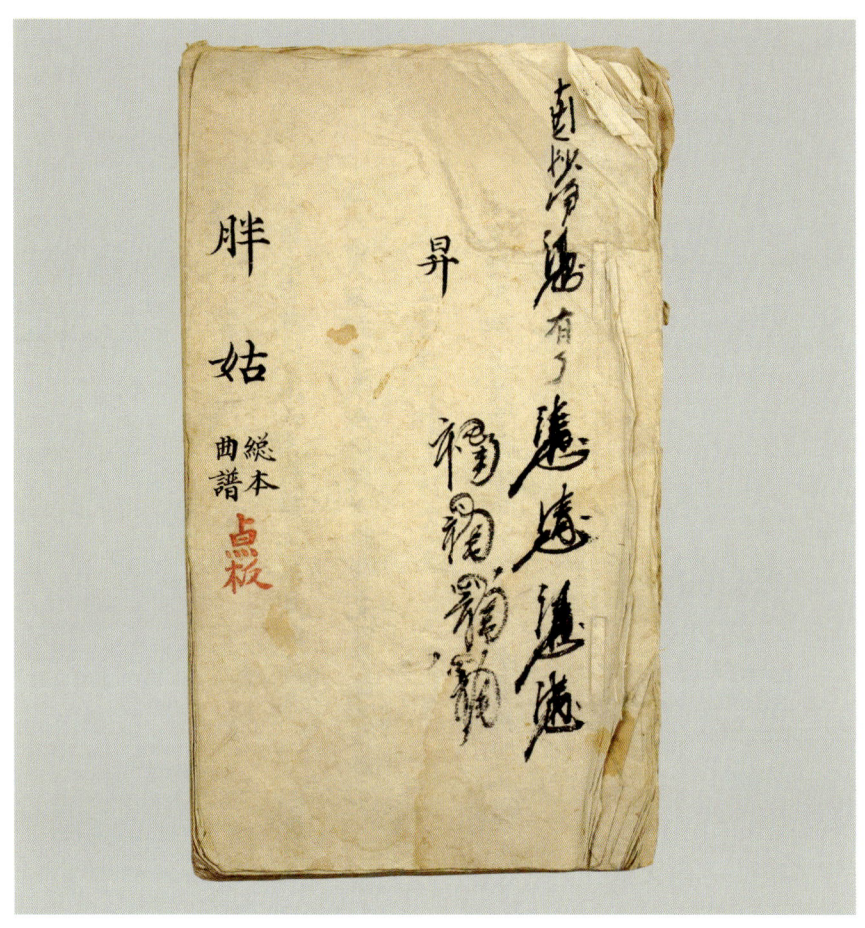

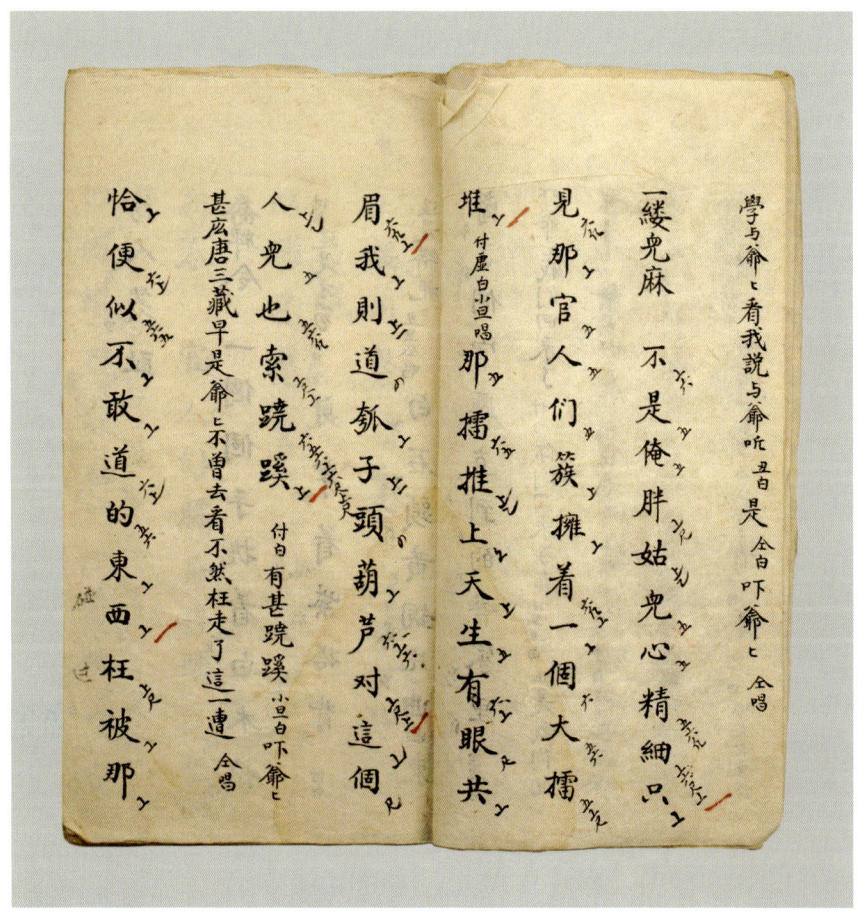

241

《追信总本曲谱》(升平署抄本)
明·沈采撰
24.5×14.7厘米
清宫旧藏

Music score of the opera *Minister Xiao He of the early Han Dynasty Pursued General Han Xin by the Moonlight*
Written by Shen Cai, Ming Dynasty
A transcript of the Court Theatrical Office, Qing Dynasty
24.5×14.7cm
Qing Court collection

墨书题签"追信总本曲谱"。书页无框栏行格,半页四、六行不等,行十九字不等。墨笔楷书,朱笔句读。唱词旁附注朱笔曲谱,末页朱笔书"光绪四年十月二十四日点完"。

《追信》系昆曲单出戏《千金记》中的一折,又称"萧何月下追韩信",讲述汉丞相萧何连夜追赶负气出走的韩信,劝回韩信返回辅佐刘邦,最终平定天下之事。

剧作者沈采,明代戏曲作家,字练川,江苏嘉定人,生平不详。所作传奇有三种,即《千金记》、《还带记》和《四节记》。昆曲中皆有折子戏流存。

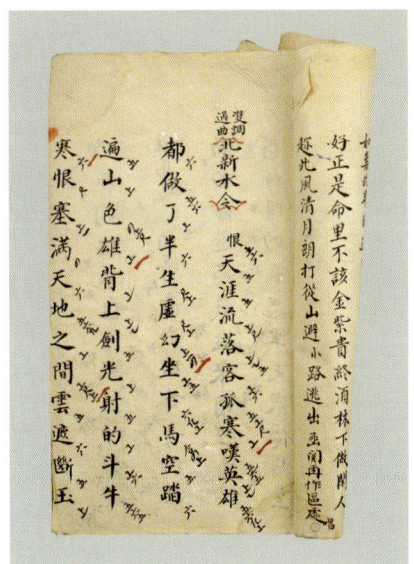
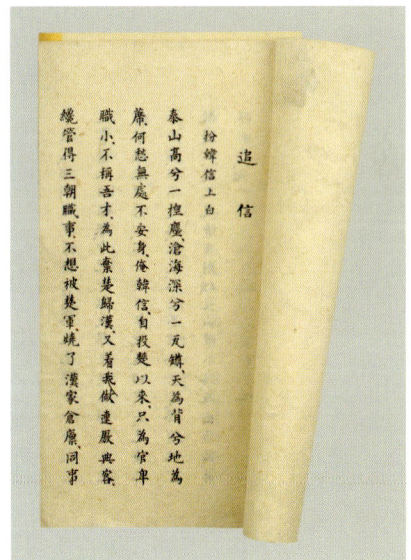

242

《群英会》(升平署抄本)
清
25.8×19.9厘米
清宫旧藏

The opera *Qun Ying Hui* (or *The Gathering of Heroes*) (a copy for the emperor and empress during performance)
Qing Dynasty
A transcript of the Court Theatrical Office, Qing Dynasty
25.8×19.9cm
Qing Court collection

此本为"安殿本",黄纸书衣,墨书题签"群英会"。半页四行,行十三字,无框栏行格,墨笔楷书,朱笔句读。

《群英会》系乱弹,取材于《三国演义》。表现诸葛亮会周瑜,完计破曹,立军令状草船借箭故事。

"乱弹"是泛指昆、弋以外的"时剧"、"吹腔"、"梆子腔"、"西皮二黄"等腔,又称"侉腔"。也具备"安殿本"、"总本"、"题纲"等一系列戏本。

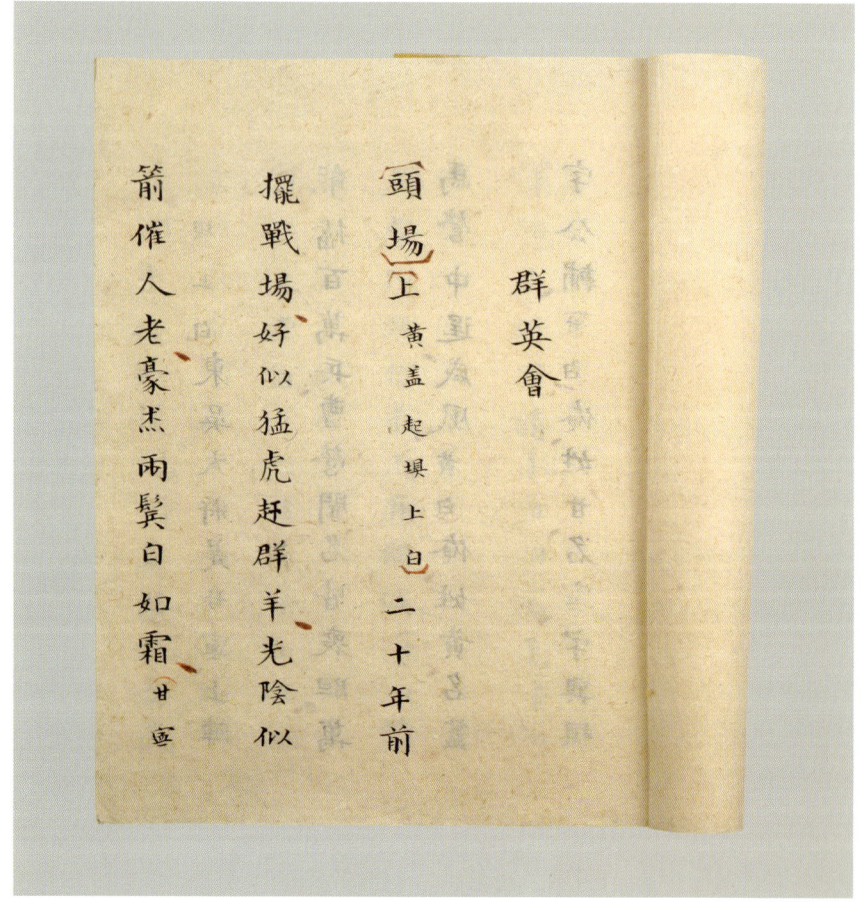

243

《莲花洞》（升平署抄本）
清
24.3×14.7厘米
清宫旧藏

The opera *Lian Hua Dong* (Lotus Cave)
Qing Dynasty
A transcript of the Court Theatrical Office, Qing Dynasty
24.3×14.7cm
Qing Court collection

白纸书衣，内文无框栏行格，半页四行，行十八字不等，墨笔楷书，朱笔句读，单角唱词旁有曲谱，全剧共分二十二个角色，为昆弋腔单头本。所谓单头本，即剧中每个角色均单列唱词，唱词旁又有曲谱，是演出人员排练本。

此剧取材于《西游记》，讲述唐僧、孙悟空、猪八戒、沙僧师徒西天取经途中，路经平顶山莲花洞，被妖魔"金角大王"、"银角大王"将唐僧擒去的故事。

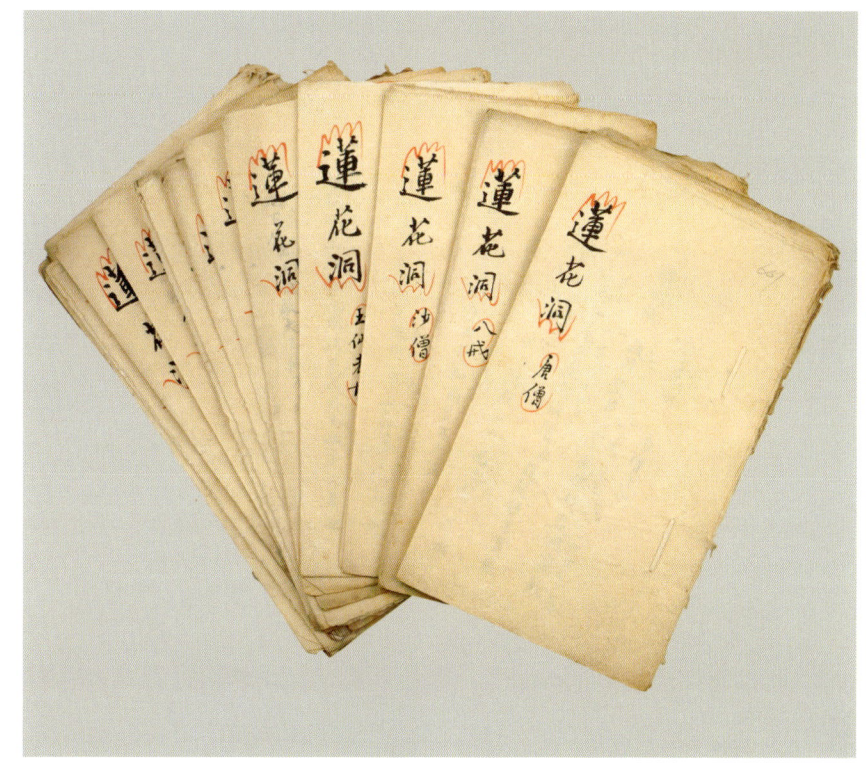

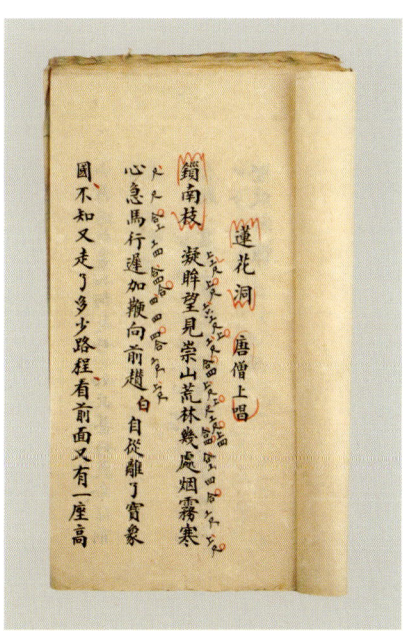

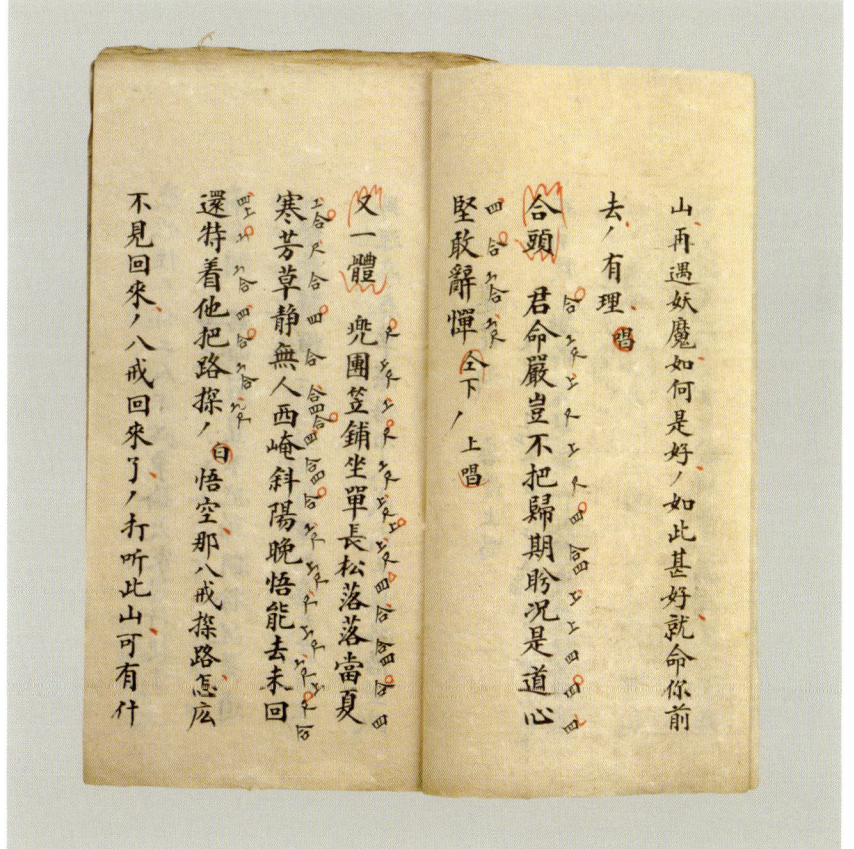

244

《乱弹题纲》(升平署抄本)
清
24×15厘米
清宫旧藏

Luan Tan Ti Gang (An outline of names of characters, actors and actresses, their costumes and accessories for Peking Opera)
Qing Dynasty
A transcript of the Court Theatrical Office, Qing Dynasty
24×15cm
Qing Court collection

题纲不注撰写人姓名,墨笔楷书,半页五行,每行大字记剧中角色二名,角色后用小字记扮演者姓名。

此题纲记录了三十余出乱弹剧中的角色及其扮演者的姓名,系清宫升平署题纲集录中的一种。它是研究清宫戏曲,特别是清代中后期戏曲发展与变化的重要资料。

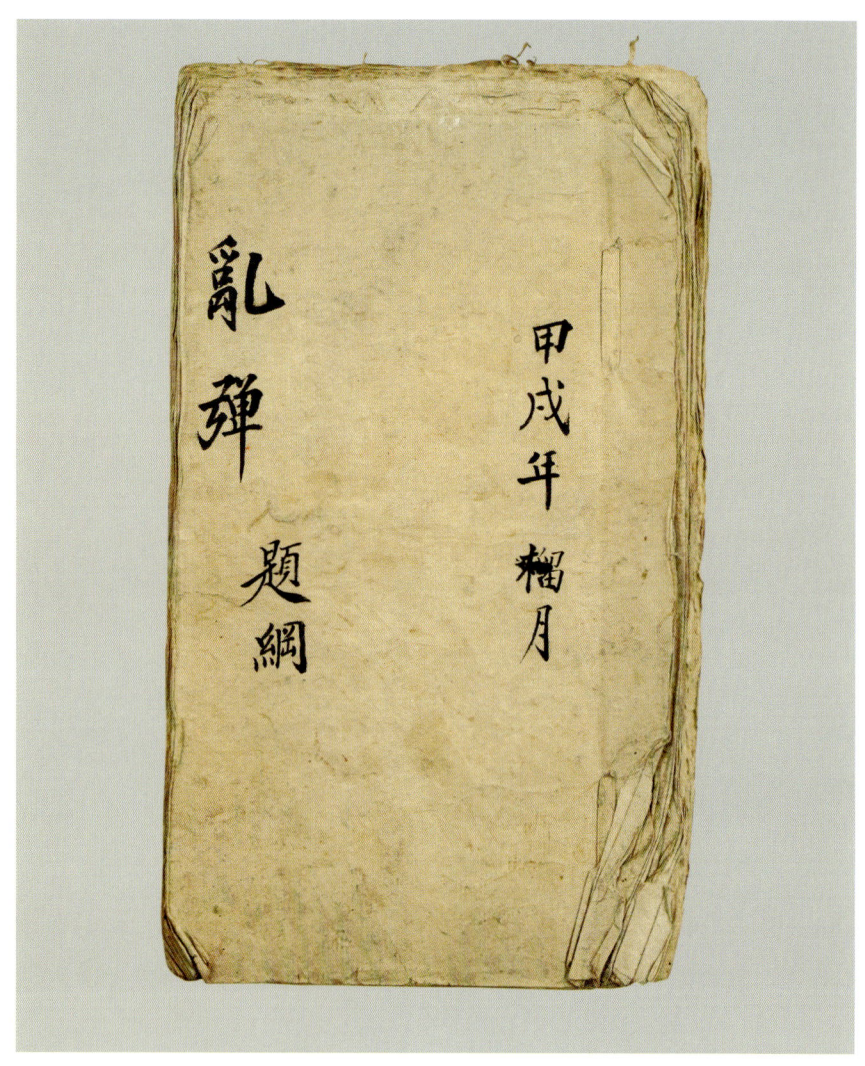

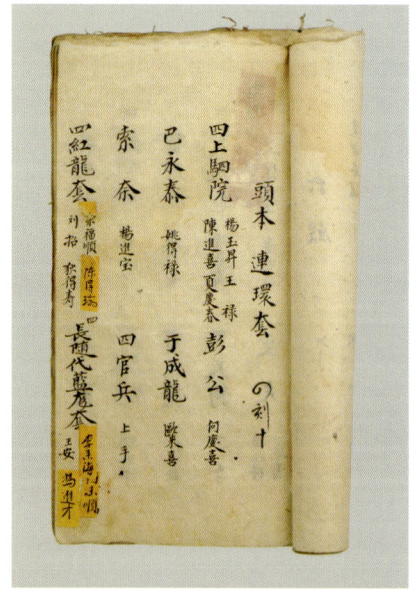

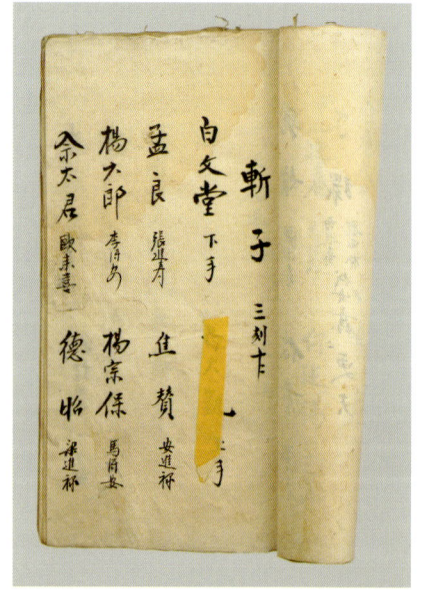

245

《穿戴题纲》(南府抄本)
清嘉庆
24×15厘米
清宫旧藏

Chuan Dai Ti Gang (An outline of headgears and costumes of characters for stagehands)
Jiaqing period, A transcript of Nan Fu (the former Court Theatrical Office), Jiaqing Period
24×15cm
Qing Court collection

题纲共二册,皆白纸,墨笔楷行书写,每行大字记戏中二角色名称,小字双行记角色穿戴装束。《穿戴题纲》是专供后台道具、戏衣管理人员用的一种剧本。

此题纲记载着清宫南府昆、弋腔、杂戏共四百七十余出承应戏中人物的穿戴装束及使用道具。其中包括冠、帽、箍、发、髯、巾、带、衣、裙、袍、褂、衫、铠、盔等等,种类极为丰富,是研究清宫戏曲,特别是清朝前期和中期戏曲的重要文物资料。

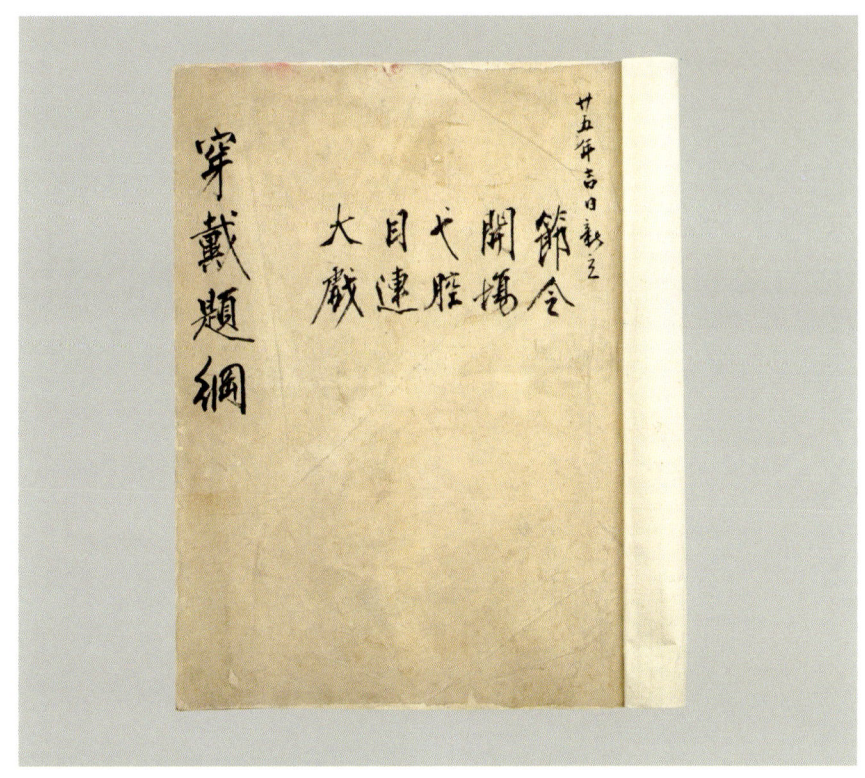
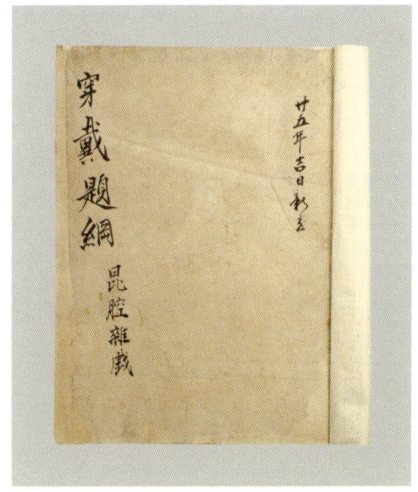
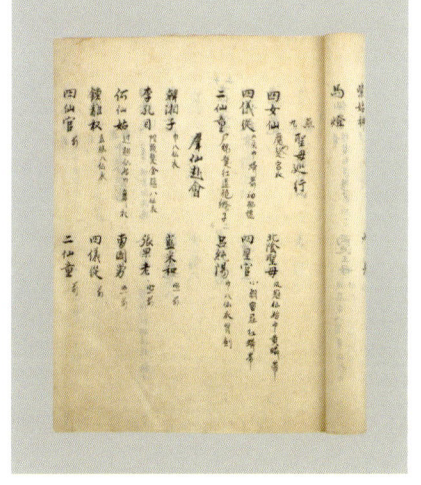
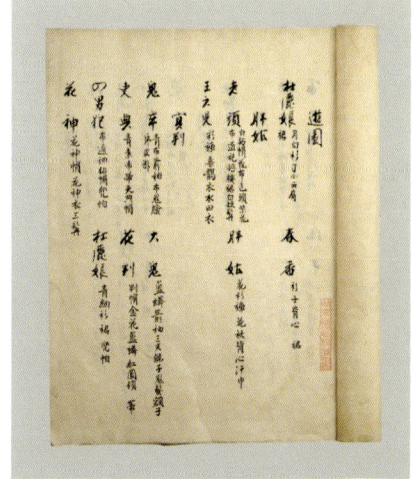
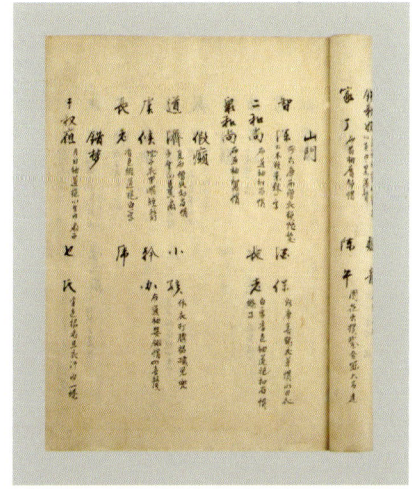

246

《头段鼎峙春秋串头》（升平署抄本）
清
24×14厘米
清宫旧藏

Rehearsal notes for the opera *Ding Zhi Chun Qiu* (a story of the defeat of the Yellow Turbans Uprising in Late Han Dynasty)
Qing Dynasty
A transcript of the Court Theatrical Office, Qing Dynasty
24×14cm
Qing Court collection

无行格，半页五行，行十七字或十八字，墨笔行草书，昆弋腔。此剧本为串头本，所谓串头本，即记载剧中角色上、下场，念白、演唱、动作次序，牌曲及部分演唱人等。主要供演奏人员等排练时所用。

剧本《鼎峙春秋》根据《三国演义》改编而成，"头段鼎峙春秋"主要讲的是汉末刘、关、张结义，大破黄巾起义的故事。

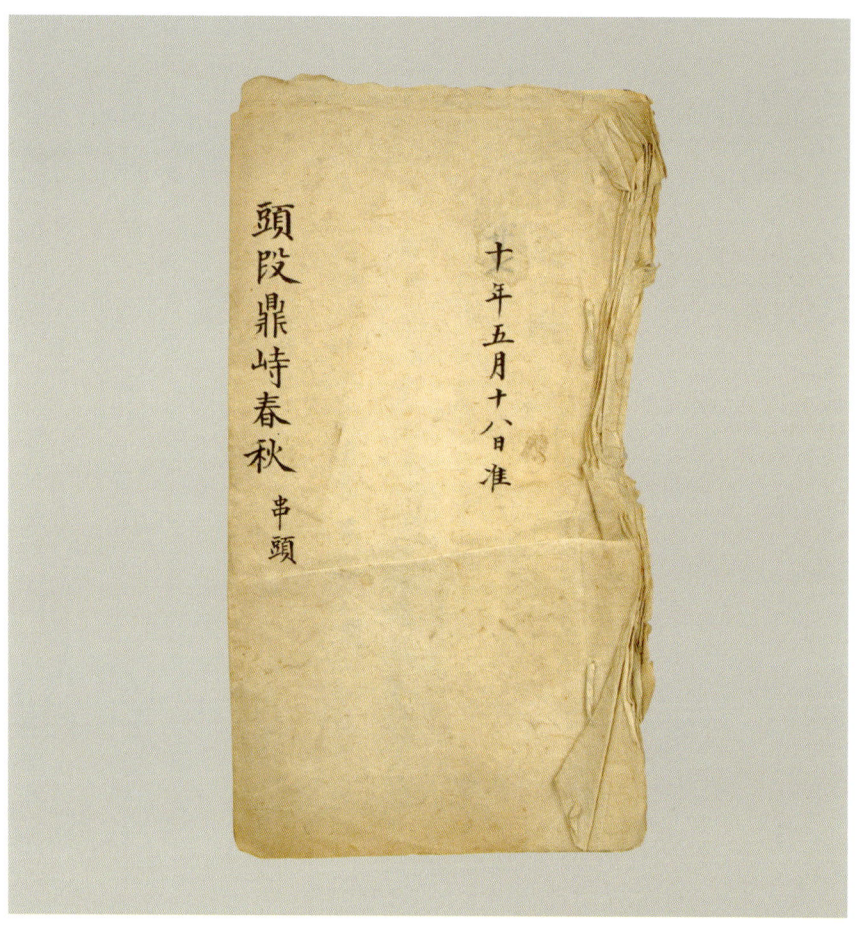

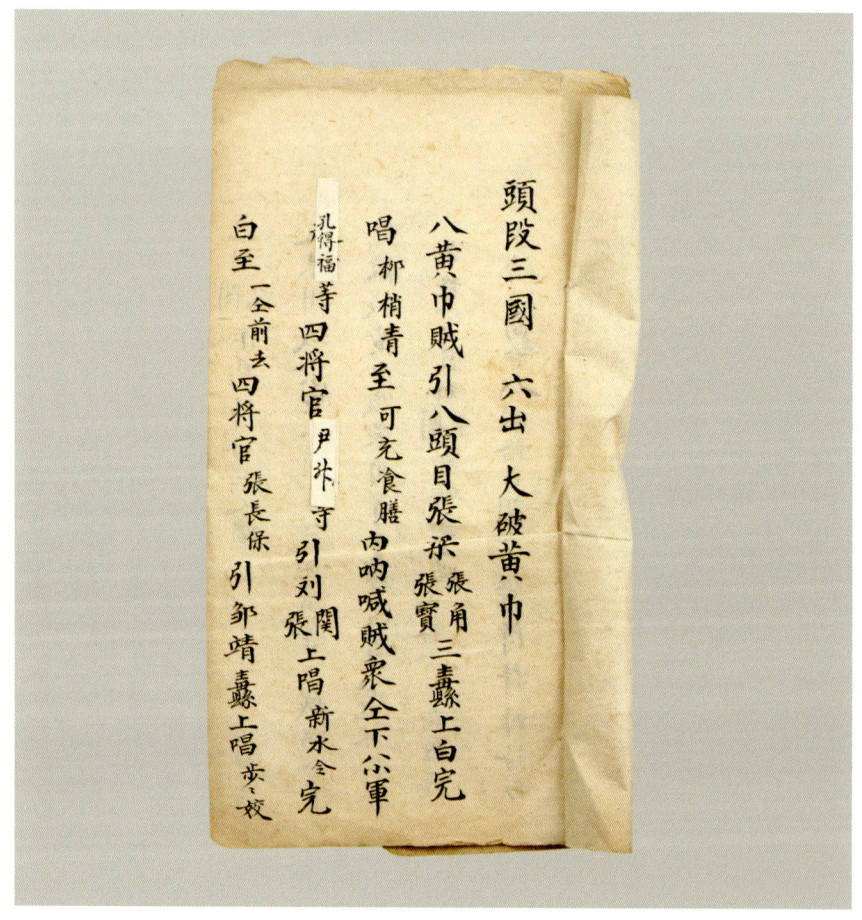

247

《昭代箫韶》（武英殿刻本）
清嘉庆
27.8×17厘米
清宫旧藏

The opera *Zhao Dai Xiao Shao* (a story of General Yang Jiye of the Northern Song Dynasty and his family serving their country with loyalty)
Jiaqing period
Block-printed edition of Wu Ying Dian Hall
27.8×17cm
Qing Court collection

《昭代箫韶》二十卷，首一卷。清王廷章、范闻贤撰，清嘉庆十八年（1813）武英殿刻朱墨双色套印本。全书共二十册，二函分装，书衣为浅黄云纹绸面，红书签双栏，墨笔楷书"昭代箫韶"四字。书页无行格，半页八行，行二十一字，抬头行二十二字，小字同，四周双边，白口，单鱼尾。宫调，科文和服色以及韵句等用小红字。曲牌用单行大红字。曲文用单行大黑字。衬字用小黑字。词中用韵处，皆照中原音韵为准。

全剧共二百四十出，昆弋腔，取材于《杨家将演义》。内容描写北宋名将杨继业全家精忠报国，贤王德昭辅政的故事。清朝皇帝，特别是乾隆皇帝提倡精忠报国的封建正统教育，对此剧极为重视。

此剧属朔望承应戏。除此以外，还有《鼎峙春秋》（三国演义）、《升平宝筏》（西游记）、《忠义璇图》（水浒传）和《封神天榜》（封神演义）等。这些大戏的剧本都由当时著名文人张照、周祥钰、王廷章等撰写，少则数十出，多者几百出，一部戏需数十天才能演完。至清末，这些大戏多被改编成皮簧（即京剧）单本折子戏。

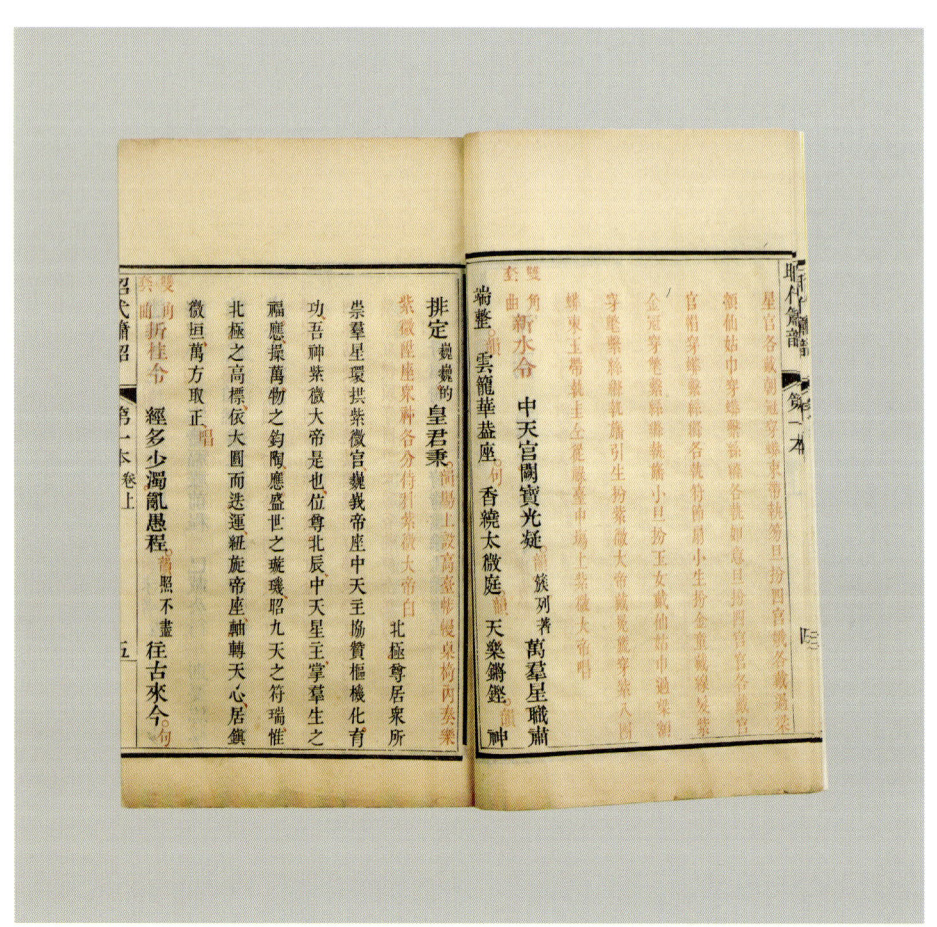

戏台

Stages

248

宁寿宫畅音阁大戏台

A three-storeyed stage at Chang Yin Ge (Pavilion of Flowing Music)
Qianlong period

畅音阁大戏台位于宁寿宫后东路的阅是楼院内，北向，建于清乾隆三十七年（1772）。戏台共三层，上层称"福台"，中层称"禄台"，底层称"寿台"，有木楼梯连接。"寿台"是一个面阔三间，进深三间的方形台面，场门分设在台后两侧，场门上方是仙楼。从仙楼可下到寿台，也可上到禄台，均木蹬踏垛上下。寿台台面下的中央和四角，有五口地井，平时演戏盖上木板，使用时打开，靠安装在地下室的绞盘，将布景托出台面，中央的一口井下有水，是为了引起共鸣，增加音响效果。寿台上方有三个天井，是在演出神仙佛祖之类的剧种使用的。戏台对面即为二层高的阅是楼，是专供皇帝和后妃看戏用的。

249

重华宫漱芳斋戏台

Stage in the compound of Shu Fang Zhai (Study of Fresh Fragrance) in Chong Hua Gong (Palace of Double glory)
Qianlong period

戏台位于御花园西的漱芳斋前院内，北向。戏台每面四柱，当心间稍宽作为台口，台的上方设天井，覆以重檐歇山顶。漱芳斋戏台是皇帝在新春元旦期间受贺或宴请王公大臣时看戏用的。乾隆皇帝、慈禧太后就经常在这里看戏。

250

漱芳斋室内风雅存戏台

Small stage Feng Ya Cun (Preservation of Elegance) in Shu Fang Zhai
Qianlong period

小戏台位于漱芳斋后"金昭玉粹"室内,东向。为四角攒尖方亭式,小巧玲珑,造型别致,装饰优雅,专供清代皇帝举行家宴时表演小曲或小戏所用。

251

宁寿宫倦勤斋戏台

Small stage in Juan Qin Zhai (Study for Retired Life) in Ning Shou Gong (Palace of Tranquility and Longevity)

Qianlong period

小戏台位于故宫外东路宁寿宫后部倦勤斋内,是座四角攒尖顶的方亭式戏台,其木构件多雕成竹节状,西、南、北三面均以竹篱作为隔墙,靠北的后檐墙上画整幅的竹篱藤萝与海漫天花连成一片,形成一座"室内花园"。倦勤斋小戏台是乾隆四十一年(1776),仿建福宫花园得胜斋内小戏台而建的,为乾隆皇帝退政后在此听戏所用的。

252

长春宫戏台

Stage in Chang Chun Gong (Palace of Eternal Spring)
Late Qing Dynasty

长春宫与太极殿之间为体元殿,是清代后期将长春门改造而成的,体元殿北向出抱厦三间,为宫中演戏戏台,戏台较为宽敞,柱间只有低平的木质坐凳栏杆和简洁的倒挂眉子,慈禧太后五十岁生日在这里听戏。